Gnu
Regression,
Econometrics and
Time-series
Library

gretlで計量経済分析
［グレーテル］

加藤久和 =［著］
Kato Hisakazu

日本評論社

はじめに

　エビデンス・ベースド・ポリシー（実証的な根拠に基づく政策）という言葉があります。現在のわが国の経済社会には解決すべき多くの課題があり、その課題一つひとつにしっかりと対応していくことが必要です。東日本大震災以降のエネルギー政策、TPPといったグローバル化への対応、税と社会保障の一体改革、少子化対策の実施など、重要な課題が目白押しです。

　こうした課題に対して有効で効率的な政策を進めていくには、経験やカンなどではなく、しっかりとした実証的根拠を踏まえて、政策立案を行わなければなりません。それがエビデンス・ベースド・ポリシーの持つ意味です。実証的な根拠を明らかにするには、現実のデータを用いて客観的な分析を行う必要があります。計量経済学はまさにそのために不可欠な手法です。

　計量経済学を学ぶ目的は政策の評価にとどまらず、世の中の事象を把握する強力なツールを手にするためでもあります。経済成長とエネルギー需要の分析、女性の社会進出と出生行動の関係、財政・金融政策の効果など、幅広い経済社会事象の理解に、計量経済学の手法が欠かせません。

　本書は、エビデンス・ベースド・ポリシーを踏まえた政策論文を書きたいと考えている学生や、計量経済学を学ぶ必要性を感じているものの、敷居が高くて躊躇してしまっている学生・社会人の方を念頭に著したものです。計量経済学を学ぶ際の難しさの1つは、実際に手を動かしてデータ分

析を行う機会が少ないことにあると思います。エクセルなどでも初歩の分析は可能ですが、しかしながら計量経済学のためのソフトではありません。また、専門の分析ソフトは高価であったり、操作が難しかったりすることもあります。本書で紹介する gretl（グレーテル）というソフトは、こうした欠点を補うだけの特色を持っています。

gretl はフリーソフトであるにもかかわらず、簡単な回帰分析から、専門家が使う高度な分析までをも容易に行うことができます。自分のパソコンにインストールすることで、いつでも好きな時に gretl を動かして、実証分析を体験できるのです。ゲーム感覚で計量経済学、というと言い過ぎかもしれませんが、そのくらいの軽い気持ちで学び始めることができます。「気が付いたら高度な分析までできるようになった。ではさらに、本格的に計量経済学を勉強しよう」と学習を進めてもらえたなら、著者冥利に尽きます。

本書を著すにあたって、この分野でこれまでお世話になった諸先生方に改めて感謝申し上げます。勝手にお名前を出させていただければ、稲田義久（甲南大学）、大林守（専修大学）、服部恒明（元電力中央研究所）、門多治（電力中央研究所）、北岡孝義（明治大学）、千田亮吉（明治大学）、藤川清史（名古屋大学）、猿山純夫（日本経済研究センター）、飯塚信夫（神奈川大学）の各氏をはじめ、多くの方からさまざまなことを学ばせていただいたことで、本書を執筆することができました。また、著者の勝手なお願いを聞いていただいた（株）日本評論社の吉田素規氏には大変お世話になりました。ここに感謝申し上げます。

本書によって gretl が身近なものとなり、一人でも多くの人が計量経済学に興味を持ってもらえれば幸いです。

　初夏の駿河台にて

　　　　　　　　　　　　　　　　　　　　　　　　　加藤　久和

目　　次

はじめに　i

第 I 部　入門編

第 0 章　イントロダクション：gretl とは？　3
0.1　gretl はどんなソフトか？　3
0.2　計量経済分析用ソフトとしての gretl　5
0.3　gretl のダウンロードとインストール　6

第 1 章　gretl 事始め　9
1.1　gretl を起動してみよう　9
1.2　データの準備　10
　1.2.1　ワーキング・ディレクトリの指定　10
　1.2.2　データ・ファイルの作成　12
　1.2.3　データ・ファイルの gretl へのインポート　13
1.3　データの要約と変換　14
　1.3.1　新たな変数の作成　14
　1.3.2　グラフの作成　16
　1.3.3　データの要約　17
1.4　スクリプト・ファイルの利用　19
　1.4.1　スクリプト・ファイルとは？　19
　1.4.2　スクリプト・ファイルの使い方　20
　1.4.3　セッション・ファイルの保存　21

1.5 その他　22
　　1.5.1 データ・ファイルの保存と gretl の終了　22
　　1.5.2 ヘルプの利用　23
　　1.5.3 サンプル・ファイル等の利用　23
［第1章のまとめ］　24

第2章　gretl で最小二乗法〈Ⅰ〉：計量経済学の初歩の初歩 …… 25

2.1 最小二乗法の考え方　25
　　2.1.1 散布図と直線の当てはめ　25
　　2.1.2 最小二乗法　27
　　2.1.3 残差の性質と決定係数　29
2.2 gretl で最小二乗推定〈1〉　30
　　2.2.1 経済活動とエネルギー需要　30
　　2.2.2 最小二乗法の実行　31
　　2.2.3 アイコン・ビューと結果の保存　34
　　2.2.4 散布図とアイコン・ビュー　34
2.3 データと関数　35
　　2.3.1 データについて　36
　　2.3.2 線形関数とパラメータの意味　37
2.4 gretl で最小二乗推定〈2〉　39
　　2.4.1 出生率と女性労働の関係　39
　　2.4.2 重回帰分析の結果　40
［第2章のまとめ］　44

第3章　gretl と古典的回帰モデル：推定結果の見方 …………… 45

3.1 古典的回帰モデル　45
　　3.1.1 線形モデルの意味　46
　　3.1.2 確率変数と攪乱項の仮定　47
　　3.1.3 古典的回帰モデルの仮定　47
　　3.1.4 攪乱項の分散の推定量　49
3.2 最小二乗推定量の統計的検定　50
　　3.2.1 仮説検定①：t 検定　50
　　3.2.2 仮説検定②：F 検定　52

3.3 gretl で最小二乗推定〈3〉 52
   3.3.1 肥満と所得格差 53
   3.3.2 最小二乗法の適用 53
   3.3.3 統計的検定とアウトプットの読み方 55
   3.3.4 推定式の比較 57
3.4 gretl による人工データの作成と分析 59
   3.4.1 データの作成 59
   3.4.2 最小二乗法の適用 61
[第3章のまとめ] 64

第4章 gretl で最小二乗法〈II〉：標準的仮定の不成立とその他の課題 …… 65

4.1 不均一分散 65
   4.1.1 不均一分散とは？ 65
   4.1.2 gretl を用いた不均一分散の検定 67
   4.1.3 不均一分散への対応方法 69
4.2 系列相関 71
   4.2.1 系列相関とは？ 72
   4.2.2 系列相関の検定 73
   4.2.3 コクラン＝オーカット法 74
   4.2.4 gretl による系列相関のあるモデルの推定 75
4.3 その他の課題 77
   4.3.1 多重共線性 77
   4.3.2 変数の過剰と過少 79
   4.3.3 構造変化の検定 80
[第4章のまとめ] 83

第II部 応用編

第5章 gretl でプロビット分析 …… 87

5.1 二値選択モデルとその推定 87
   5.1.1 二値選択モデル 87
   5.1.2 最小二乗法の適用 88
   5.1.3 非線形回帰と潜在変数 90

　　　　5.1.4　プロビット・モデルとロジット・モデル　91
　5.2　gretl でプロビット分析　93
　　　　5.2.1　データ・ファイルの準備　93
　　　　5.2.2　プロビット・モデルの具体例　95
　　　　5.2.3　限界効果の計算　97
　　　　5.2.4　プロビット・モデルの推定例──説明変数が複数の場合　98
　［第 5 章のまとめ］　100

第 6 章　gretl でパネル分析　101

　6.1　パネル分析の基礎　101
　　　　6.1.1　パネル・データの構造　101
　　　　6.1.2　パネル・データの推定方法　104
　　　　6.1.3　モデルの選択　106
　6.2　gretl でパネル分析　108
　　　　6.2.1　データの構造　108
　　　　6.2.2　gretl へのデータ入力　110
　　　　6.2.3　gretl によるパネル推定とモデルの選択　111
　　　　6.2.4　gretl によるパネル推定──もう 1 つの例　116
　6.3　パネル分析のその他の話題　118
　　　　6.3.1　階差推定とウィズイン推定　118
　　　　6.3.2　ダイナミック・パネル分析　119
　［第 6 章のまとめ］　121

第 7 章　gretl で時系列分析　123

　7.1　時系列データの性質　123
　　　　7.1.1　定常性とコレログラム　124
　　　　7.1.2　gretl でコレログラム　126
　　　　7.1.3　単位根と非定常　127
　　　　7.1.4　gretl で実験　129
　　　　7.1.5　単位根検定の考え方　131
　　　　7.1.6　gretl で単位根検定　132
　7.2　ARMA モデルとその推定　134
　　　　7.2.1　ARMA モデルの概要　134
　　　　7.2.2　gretl で ARMA モデルを推定　136

  7.2.3 gretl で ARIMA モデルを推定 138
 7.3 共和分の考え方と共和分検定 139
  7.3.1 共和分の考え方 139
  7.3.2 gretl で共和分検定 141
 7.4 ベクトル自己回帰（VAR）モデル 143
  7.4.1 VAR モデルの概要 143
  7.4.2 グレンジャー因果性の検定 145
  7.4.3 gretl で VAR モデル 145
 ［第 7 章のまとめ］ 149

第Ⅲ部　マクロ計量モデル編

第 8 章　gretl で二段階最小二乗法と IS-LM 分析　153

 8.1 内生性バイアスとマクロモデル 153
  8.1.1 内生性バイアスとは？ 153
  8.1.2 シンプルなマクロモデル 155
 8.2 二段階最小二乗法 157
  8.2.1 操作変数法の考え方 158
  8.2.2 二段階最小二乗法 159
 8.3 gretl による二段階最小二乗法の例——IS-LM 分析 160
  8.3.1 IS-LM 方程式の推定 160
  8.3.2 スクリプト・ファイルを用いた推定 163
 ［第 8 章のまとめ］ 167

第 9 章　gretl でマクロ計量モデル入門　169

 9.1 マクロ計量モデルとは？ 169
  9.1.1 マクロ計量モデルの概要 169
  9.1.2 マクロ計量モデルの基礎知識 171
 9.2 gretl による小型マクロ計量モデル 172
  9.2.1 モデルの概要 173
  9.2.2 gretl のスクリプト 174
  9.2.3 ファイナル・テストの結果 176
  9.2.4 シミュレーションの実行 179

[第 9 章のまとめ]　183

付　録

付録A　確率と統計の基礎 …………………………………… 187

A.1　確率と確率分布　187
　　A.1.1　確率変数と確率分布　188
　　A.1.2　正規分布　189
　　A.1.3　正規分布以外の確率分布　192
A.2　推定と検定　193
　　A.2.1　標本と標本統計量　194
　　A.2.2　標本と母集団の関係　195
　　A.2.3　検定の進め方　196

付録B　メニューバーから見た機能一覧 …………………… 199

B.1　ファイル　199
B.2　ツール　200
B.3　データ　201
B.4　ビュー　202
B.5　追加　203
B.6　サンプル　204
B.7　変数　205
B.8　モデル　206
B.9　ヘルプ　207

付録C　さらに計量経済学を学ぶために …………………… 209

C.1　「理論なき計測」の弊害　209
C.2　初学者のための入門書　210
C.3　学部上級生以上の計量経済学のテキスト　211
C.4　専門的な研究のために　211
C.5　計量経済学を学ぶための、その他の分析用フリーソフト　212

索　引　213

I

入門編

第0章 イントロダクション

gretl とは？

0.1 gretl はどんなソフトか？

　gretl は計量経済分析を行うためのソフトウェアです。しかも gretl は自由に配布することが可能なフリーソフトでもあります。

　gretl の正式名称は、「GNU Regression, Econometrics and Time-series Library」です。ここにある GNU（guh-noo と読みます）というは、フリーソフトウェア財団によって自由に頒布を認められた（しかし改変は認められていません）ソフトウェア開発プロジェクトを意味しています。したがって、誰もが自由にダウンロードして使うことのできるソフトなのです。

　日本では gretl の認知度は高くはありませんが、これから多くの人に利用されるようになると思われます。その理由として、フリーソフトであることに加え、機能の豊富さと操作の容易性があげられます。

　gretl はフリーソフトですが、初心者のための簡単な回帰分析から、専門家が使う高度な時系列手法まで幅広いメニューを備え、日々新たな機能が追加されるなど、計量経済学の世界でも注目されています。計量経済学の専門の学術雑誌にもたびたび紹介され、利用者も急速に増えているようです。もちろん、高度な機能を使いこなすには専門の計量経済学のテキストなどで学ぶ必要があるでしょう。しかし、学んだ知識を実践に生かすに

図 0-1　gretl のロゴ

は、演習・実習が必要です。gretl にはそのためのデータやスクリプト（プログラム）の例も備わっており、計量経済学を学びたい学生や社会人の方にはとても便利なソフトです。

　gretl は C 言語で書かれていますが、GUI（グラフィカル・ユーザー・インターフェース）が備えられているので、誰もが簡単に操作することができるようになっています。GUI をわかりやすく説明すれば、ソフトを立ち上げるとウィンドウやアイコン、ボタンなどが示され、ユーザーはこれをマウスでクリックしながら操作するというものです。したがって、初心者が躊躇する、プログラムを打ち込んで操作するといったことをせず、アイコンなどをクリックすることで作業を進めることができます。もちろん**スクリプト**と言われるバッチ・ファイル（一連の実行命令〈コマンド〉を書き込んだファイル）を利用して、プログラムを入力しながら操作を行うことも可能です。

　gretl の正式名称は先に述べたようにやや難しいものですが、そのイメージとして図 0-1 にあるような可愛い女の子、まさにグレーテルが描かれています。グレーテルと一緒に、この魅力あるソフトを一緒に学んでいきましょう。

0.2　計量経済分析用ソフトとしてのgretl

　なぜgretlを紹介するのか、他にある計量経済学用のソフトとどう違うのか、などについて、少し詳しく説明しましょう。

　専門的な論文に限らず、調査レポートや学生の卒業論文などにおいても、データを用いて実証的な分析を行うことは欠かせません。単純な平均や分散、あるいは回帰分析などであればエクセルなどの表計算ソフトで間に合うかもしれません。しかし、少し高度な分析を行うには専門のソフトが必要になります。分析の方法に関しても、経済データを経済学的な見地から検討するには、計量経済学的なツールを備えたソフトが必要です。

　計量経済学的なツールを備えたソフトには、他にも多くのものがあります。代表的なものを並べても、EViews、TSP、RATS、STATA、PcGiveなど数多くあります。さらに幅広い用途に利用され、まさに統計ソフトのスタンダードともいえるRや、行列計算をもとにした数値計算用ソフトであるMATLAB、Scilab、Octaveなども使われています。こうした中で、なぜgretlなのかというと、大きく3つの理由があります。

　第1は、そのコストです。中には高額のソフトもあります。専門的な研究に携わっている方であればEViewsやSTATA、MATLABといった有料のソフトを備えることができるでしょう。筆者もEViewsやMATLABを使っていますが、しかしこれらを学生や専門家ではない社会人の方々にお薦めするのは難しい話です。したがって、フリーソフトであるということがgretlを紹介する第1の理由です。

　第2は、その操作性です。前節でも書きましたが、gretlはGUIが備わっており、プログラムに慣れていない人にも利用しやすいものです。RやScilabなどもフリーソフトで、とりわけRには最新の計量経済学的ツールもパッケージとしてすぐにラインナップされるほど、多くの計量経済学者が使用しています。筆者もRの愛用者の1人ですが、Rを使用するにはプログラム（コマンド）を書き込む必要があり、これが計量分析の初心者に

は大きな障害になっています。gretl は EViews や TSP に似た使い勝手のよさを備えており、学生にも扱いやすいと思われます。

　第3は、ユーザーガイドや練習用のデータなどが充実していることです。ユーザーガイドやコマンドリファレンスは（もちろん）すべて英語ですが、しかし丁寧に記述されていて、また付属されたデータで体験することが可能なことから、独学で計量経済学を学ぶことが可能になっています。

　このように、既存のソフトと比べてみると、gretl は多くの点で利点を持っています。もちろん、それぞれのソフトには長所・特徴があって、すべてを gretl で代替することはできませんが、学生などの初学者には十分なソフトであると考えます。gretl を入り口にさらに高度な EViews や MATLAB などへ進んでいくことも可能でしょう。gretl を用いて多くの人に計量分析の醍醐味を知ってもらうことも、この本の目的の1つです。また、計量経済学を学ぶには推定や検定を行うなど実践的な経験が必要ですし、上級の計量経済学を学ぶにはプログラミングなどの知識も欠かせません。gretl はこうしたニーズにも対応できるものです。

0.3　gretl のダウンロードとインストール

　gretl の有用性を理解していただくには、まずは gretl を動かすことが必要です。そのためには、gretl をダウンロードし、PC にインストールする必要があります。この手順はいたって簡単です。

　gretl のホームページは http://gretl.sourceforge.net/ です。まずは、ホームページにアクセスしましょう。gretl のファイルはこのホームページからダウンロードできます。読者の皆さんの多くは MS-Windows を利用していると思いますので、以下では Windows 用のバージョンについて説明します（マックやリナックス用のファイルもありますが、手順はほとんど同じです）。なお、以下の内容については、2012年4月30日現在のホームページをもとに説明しています[1]。

　ホームページの左上にある「gretl for Windows」と書かれた箇所をクリ

ックすると、次のようなタイトルのページに飛ぶと思います。

　　　　gretl: Gnu Regression, Econometrics and Time-series Library
　　　　　　　　　　　for Microsoft Windows
このページの中に

　　　　　　latest release （Mar 29, 2012）　gretl-1.9.8.exe

と書かれた部分があるはずですので、ここをクリックするとすぐにダウンロードに入ります。実行を指示すれば、あとはインストーラーが自動的に動き出し、パソコンにインストールしてくれるはずです。あるいはPCの適当なディレクトリに保存して、あとで実行してもいいでしょう。

　以上に加えて、上のページにはサンプル・データ等も用意されていますので、それもダウンロードしておきましょう（gretlをインストールすると、英語ではありますが、Greeneほかの著名な計量経済学のテキストにある練習用データもサンプルとして一緒にインストールされますので、興味のない方は後回しにしても大丈夫です）[2]。

　これでgretlを使用することができるようになったはずです。デスクトップにgretlのアイコン（図0-1にある女の子の横顔）があるはずです。探してみてください。

　ついでにマニュアルもダウンロードしておきましょう（gretl本体にもユーザーズガイドやコマンドリファレンスが付いています）。マニュアルは残念ながら、これも英語です。gretlのホームページの右中段に「Manual」と書かれた段落がありますので、ここをクリックして、マニュアルがダウンロードできるページに飛びます。ここから、ユーザーズガイドとコマンドリファレンスの2つをダウンロードします。いずれもa4.pdfと書かれたものをダウンロードしてください。これはA4版の紙に印刷することを前提として作られたマニュアルです（a4.pdf以外のものはアメリ

1）本書で使用したgretlのバージョンは1.9.5です。読者は、最新のバージョンをインストールしてください。
2）本書で説明の際に仕様したgretlのデータ・ファイルは、日本評論社のホームページからダウンロードできます。

カのレターサイズのマニュアルですが、内容は同じものです）。
　以上で gretl を使う準備が整いました。

第1章 gretl 事始め

　まずは gretl にさわるところから始めましょう。この章では計量経済分析を行う準備段階として、gretl を扱うために必要な内容を整理してあります。ファイルの置き場所やデータのインポート（読み込み）、変数の変換や要約、それにスクリプト・ファイルの利用などを説明します。

1.1　gretl を起動してみよう

　デスクトップにある gretl のアイコンをダブルクリックしてみましょう。すると、次のような画面が現れるはずです（図1-1）。
　まだデータ・ファイルなどを開いていませんので、中央のスペースは空白のままですが、上部にメニューバー、下部にツールバーが備わっています。それぞれの役割などについては徐々に説明していきますが、gretl はこのメニューバーとツールバーにある機能を選択して、マウスでクリックすることで基本的な機能を実行させることができます。メニューバーなどに含まれていない高度な計量経済学のテクニックや、分析者のオリジナルなプログラムなどを実行することもできますが、まずは gretl の操作に慣れ、gretl というソフトの特徴をつかんでほしいと思います。
　なお、メニューバーなどの表示はすべて英語ですが、難しい単語は含ま

図 1-1 gretl の起動

れていませんので恐れず操作してください。こうしたソフトはトライアンドエラーで慣れながら身に付けていくことが上達の早道です。失敗を繰り返しながら覚えていくことで、gretl がより一層みなさんの身近なツールになると確信しています。

1.2 データの準備

gretl でさまざまな統計分析を行うためには、まずはデータの入力が必要です。本節では、最初に gretl のファイルの格納場所を指定し、次に gretl のデータ・ファイルを作成し、それを gretl に読み込ませるという、一連の手順を説明します。

1.2.1 ワーキング・ディレクトリの指定

gretl を操作する場合、一般には次の3つの種類のファイルを用います。1つは、gretl が使う**データ・ファイル**です。これは拡張子が「.gdt」で表示されます。もう1つは、gretl に読み込ませる一連の命令を記述した

図 1−2　ワーキング・ディレクトリの指定

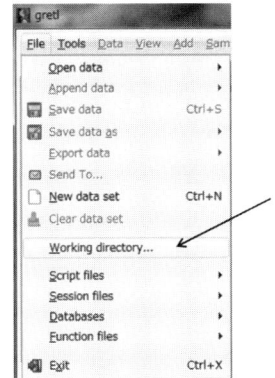

スクリプトと呼ばれるファイルで、「.inp」という拡張子が付されます。3つ目は gretl で行った分析結果を保存しておく、**セッション・ファイル**と呼ばれるもので、「.gretl」という拡張子が付きます。まずは、この3種類のファイルを理解するところから始めましょう。

　gretl が使用するファイルを、PC 内の特定のディレクトリを指定し、格納しておく必要があります。gretl はそのファイルを探して読み込み、また分析結果をファイルの形にして保存しておくこともできますので、ファイルがあちこちに散らばっていては不便です。加えて、データを作成する際には直接、gretl 用のデータ・ファイルを作成するのではなく、エクセルなどの表計算ソフトを利用することも多いので、こうした表計算ソフトのファイルなども一緒に保存しておいたほうが、後々便利でしょう。

　そのため、gretl では**ワーキング・ディレクトリ**というものを指定しておく必要があります。そのディレクトリにさまざまなファイルを保管するのです。ワーキング・ディレクトリの指定方法を説明しましょう。gretl を起動したあと、メニューバーにある File をクリックすると、図1−2にあるようなサブ・メニューが現れます。この中の working directory という箇所をクリックして、そのディレクトリを指定してください。場所はPC のどこでもかまいませんが、一般的にはドキュメントの下の階層に、

図 1-3　CSV ファイルの保存

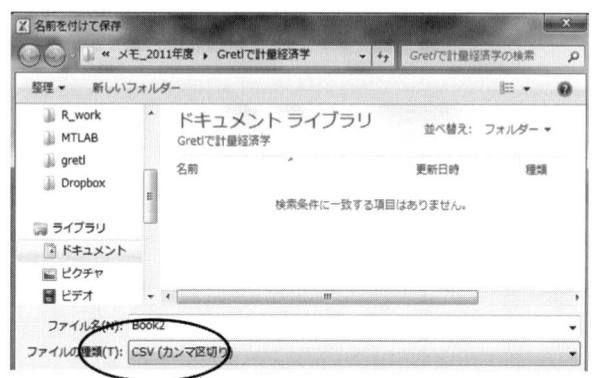

gretl のための専用ディレクトリを作っておくと便利です。

1.2.2　データ・ファイルの作成

次に、gretl に読み込ませるための表計算ソフトのファイルを作成します。これを gretl に読み込ませて専用のデータ・ファイル（.gdt という拡張子で表示されるファイル）を作るのですが、そのためにはいくつもの方法があります。しかし最初からあまり多様な方法を紹介すると混乱することもありますので、ここではその中でもっとも基本的な方法を説明したいと思います（gretl に慣れた読者は、マニュアルなどを参考にもっとも使い勝手のいい方法を利用してください）。

多くの読者は、マイクロソフトのエクセルを利用してデータを整理することが多いと思います。gretl はエクセルを直接読み込むことができるのですが、gretl のバージョンによってはそれが難しい場合や、Excel 2007 以前のファイルまでしか読み込めないこともあるようですので、ここではより汎用的な方法を用います。それは、エクセルで作ったファイルを CSV 形式で保存するのです。CSV 形式で保存したファイルは、ワードでいえばテキストファイルに相当するものです。エクセルで作成したものを、図 1-3 にあるようにファイルの種類を CSV として、上で指定したワーキ

図1-4　CSVファイルのインポート

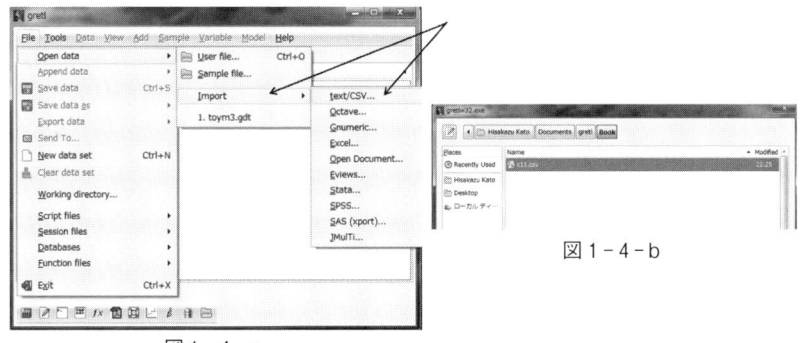

図1-4-a

図1-4-b

ング・ディレクトリに保存すればいいのです。

その際、作成するデータ・ファイルは次の5つのルールを守ってください。①変数名などはすべて英語もしくはローマ字で表記すること、②第1行第1列は空白とすること、③第1列には時系列データであれば時点を、クロスセクション・データであれば個体番号を記載すること、④変数名とデータ（数値）以外は書き入れないこと、⑤（gretlの古いバージョンによっては読み込めないので）パーセント表記ではなく小数表記とすること、です。

1.2.3　データ・ファイルのgretlへのインポート

ここまでデータ・ファイルができあがれば、あとはgretlに読み込ませる（インポートする）だけです。以下では、指定したワーキング・ディレクトリにCSVファイルが保存されていることを前提とします。

最初に、gretlのメニューバーにあるFileをクリックすると、図1-4-aのようなメニューが現れます。その中でさらにOpen data ⇒ Import ⇒ text/CSVとクリックをすると、ワーキング・ディレクトリ内にあるCSV形式のデータ・ファイルが出てきますので（図1-4-b）、それを指定しOpenをクリックすると、図1-5のようにCSVファイル内のデータが

第Ⅰ部　入門編

図1-5　データがインポートされたあとの画面

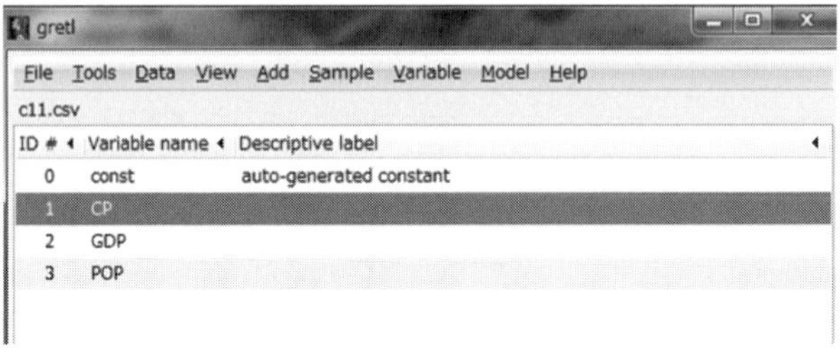

gretl にインポートされ（読み込まれ）ます。

　図では CSV ファイルとして CP（実質民間最終消費支出、年度ベース）、GDP（実質国内総生産、年度ベース）、POP（総人口）という3つの変数が含まれている「c11.CSV」という名前のファイルが gretl にインポートされた状態を示してあります。また、この3つの変数の他に const という変数が加わっていますが、これは gretl が自動的に付け加えたもので、あとで回帰分析を行う際の定数項にあたる部分となります。

1.3　データの要約と変換

　gretl にデータを読み込ませるところまで進みました。分析ではこのデータを実際に使用することになりますが、ここではその基礎となる3つの使い方、すなわち、データの変換、データのグラフ化、そしてデータの要約に関して説明します。

1.3.1　新たな変数の作成

　前節までで gretl に読み込ませた3つのデータのうち、国内総生産（GDP）と民間最終消費支出（CP）の2つの変数を総人口（POP）で割って、1人当たりの変数を作成しましょう。そのためには、メニューバーの Add ⇒ Define new variable とクリックしてください（図1-6参照）。そこで現れるボックスに

図 1-6 データの変換

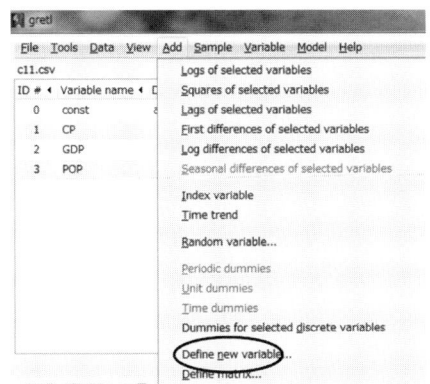

$$CP\_per = CP/POP$$

とタイプして OK をクリックしてください。すると、データの列にもう1つ CP_per という変数ができているはずです。これは 1 人当たりの民間最終消費になります。このようにして新たな変数を作成することができます。同様に、1 人当たり GDP も計算してみましょう。同じ手続きで、

$$GDP\_per = GDP/POP$$

とすれば 1 人当たり GDP がデータに加わっているはずです。なお、gretl は大文字と小文字を識別するため、小文字で gdp/pop としてもエラーが返ってきますので、必ず大文字でタイプしてください。

　データを変換する場合の四則計算では＋、－、＊、／を、また累乗では＾を使用します。これらはエクセルなどの表計算ソフトと同じですから、とくに問題はないでしょう。

　新たな変数を作成する場合、メニューバーから変換のためのコマンド Define new variable を見つけるよりも早い方法があります。マウスを右クリックすると、そのメニューの一番下に同じ Define new variable がありますので、これを利用してもかまいません。ちなみに、もし不要になった変数があれば、その変数を指定しマウスの右クリックで Delete を選択すれば消去することもできます。

図 1-7　グラフの作成

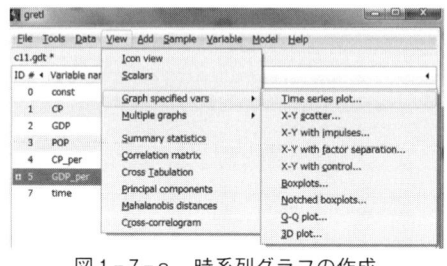

図 1-7-a　時系列グラフの作成

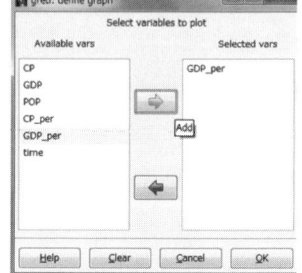

図 1-7-b　変数の選択

　統計分析を行う場合、この他にもさまざまな変数の変換を行うことがあるでしょう。とりわけ変数の対数変換とラグ変換は、回帰分析などでよく見られる方法です。これもメニューバーにある Add コマンドの中にある Logs of selected variables（対数変換）、Lags of selected variables（ラグ変換）を使用すれば簡単です。変換する変数をクリックして指定し、その上で Add ⇒ Logs of selected variables と選択すれば対数変換された変数が、また、Add ⇒ Lags of selected variables と選択し、そのあとで開かれるボックスでラグ次数を指定すれば、そのラグ変数が作成されます。

　この他にも、メニューバーにあるコマンドでは、変数の2乗、1階の階差変数なども簡単に作成できる他、タイムトレンドも付加することができます。

1.3.2　グラフの作成

　CP や GDP などの変数は時系列データです。これらのデータの推移を確認するには、折れ線グラフにしてビジュアル化することも大切です。gretl ではこうしたグラフ作成も簡単に行えます。以下では、1人当たり GDP（GDP_per）変数の時系列グラフ（折れ線グラフ）を作成してみましょう。

　メニューバーから、View ⇒ Graph specified vars ⇒ Time series plot を

図 1 - 8　変数 GDP_per の時系列グラフ

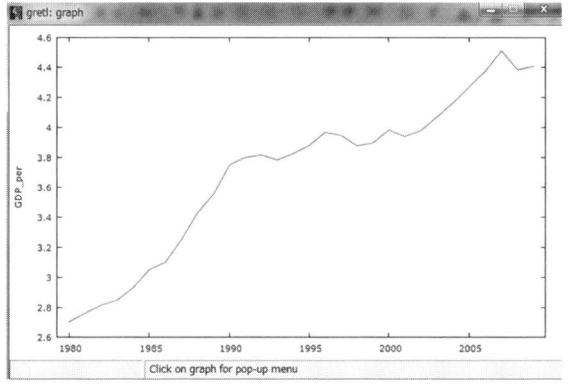

選んでください（図 1 - 7 - a）。すると、図 1 - 7 - b のようなボックスが現れますので、左側に並んでいる変数の中から GDP_per を選択して、中央にある緑色の➡をクリックしてください。図にあるように、GDP_per という変数が右側に出現するはずです。そこで OK をクリックすると、図 1 - 8 にあるような時系列グラフが作成されます。なお、この他にも 2 変数を使った XY グラフ（散布図）なども簡単に作成できます。

時系列グラフをより簡便に作成するには、グラフのもとになるデータを選択し、マウスの右クリックにあるメニューの中から Time series plot を選択するという方法もあります。作成したグラフは、同じくマウスの右クリックにあるメニューを用いて保存することも可能です。

1.3.3　データの要約

データを要約する記述統計量として、平均値、中位数、分散（標準偏差）、最大値、最小値などがあります。エクセルなどの表計算ソフトでは、これらの値を求めるには関数を使って計算させる必要がありました。しかし、gretl ではこうした記述統計量を簡単に求めることができます。

記述統計量を求めるには、メニューバーにあるコマンドを使用する方法と、下部にあるツールバーの**セッション・アイコン・ビュー**（session

図 1 - 9　セッション・アイコン・ビューと記述統計

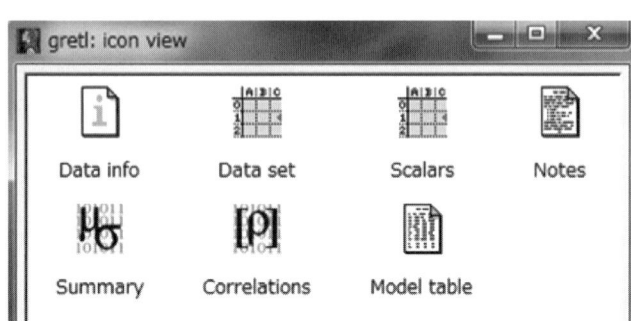

icon view) を用いる方法の 2 つがあります。まずは前者から説明しましょう。特定の変数の記述統計量を求めるには、その変数を指定したあと、メニューバーの Variable ⇒ Summary statistics とクリックすることで、平均や分散などが求まります。

　後者のセッション・アイコン・ビューを用いる方法は、gretl の特徴を活かしたものですから、こちらの方法を勧めます。下部にあるツールバーの左から 4 つ目のアイコンがセッション・アイコン・ビューです。これをクリックすると、図 1 - 9 のようなアイコン・ビューが現れます。このアイコン・ビューは、gretl で処理しているデータやその分析結果などをまとめたもので、他の計量経済学用のソフトにない便利なツールです。この中の Summary と書かれたアイコンをクリックすると、データ全部の記述統計量が格納されています。図 1 -10- a には CP、GDP、POP の 3 変数の平均、中位数、最小値、最大値、標準偏差 (Std.Dev.)、変動係数 (C.V.)、歪度 (わいど、Skewness)、尖度 (せんど、Kurtosis) が示されています。ちなみに変動係数は、相対的なデータの散らばり具合を示すために標準偏差を平均で除した値であり、歪度は分布の左右対称性を、尖度は分布のとがり具合を示す指標です。

　また、アイコン・ビューの中には Correlations があり、ここにそれぞれの変数間の**相関係数**が含まれています (図 1 -10- b を参照)。相関係数を確認することは、回帰分析を実行する場合に欠かせない手順ですから、こ

図1-10 記述統計量と相関係数

```
Summary statistics, using the observations 1980 - 2009

                    Mean         Median        Minimum        Maximum
         CP     2.6115e+005   2.7340e+005   1.7879e+005   3.3728e+005
         GDP    4.6233e+005   4.8268e+005   3.1650e+005   5.7619e+005
         POP    1.2442e+005   1.2530e+005   1.1706e+005   1.2779e+005

                   Std. Dev.      C.V.       Skewness     Ex. kurtosis
         CP         44721.       0.17125     -0.37827      -0.90155
         GDP        77323.       0.16725     -0.52228      -0.87856
         POP        3301.9       0.026538    -0.76928      -0.58422
```

図1-10-a

```
           CP         GDP          POP
         1.0000     0.9940       0.9716   CP
                    1.0000       0.9746   GDP
                                 1.0000   POP
```

図1-10-b

れが容易に示されていることは非常に便利です。

1.4 スクリプト・ファイルの利用

ここまでで、データ・ファイルの作成や変数の変換、グラフの作成などの一連の処理の基本の説明が済みました。これで gretl を扱う準備が整ったわけですが、より高度な処理を行うには、スクリプト・ファイルを利用する必要があります。

1.4.1 スクリプト・ファイルとは？

gretl を用いてより高度な統計処理を行うには、メニューバーにあるコマンドだけでは十分ではありません。いわゆる"プログラム"を書いて、分析者の意図する分析道具を自在に操る必要があります。また、gretl にはメニューバーにあるコマンド以外にも多数のコマンドがあり、これらのコマンドは gretl に直接投入する必要があるのです。そのためには、スクリプト・ファイルを使用することが必要となります。

スクリプト・ファイルとは、一連の処理の流れを記述した、いわば手順書です。メニューバーにあるコマンドは、命令をひとつずつ処理するもの

ですが、例えば「ある変数を対数に変換し、その差分を取って他の変数の上に回帰する」といった一連の流れをいっぺんに処理するには、手順書を書いてgretlに読み込ませたほうが効率的です。この方法をバッチ処理と言いますが、スクリプト・ファイルはそのためにあるものです。

　また、一度スクリプト・ファイルを作成し、これを保存しておけば、いつでも同じ処理を再現することができます。さらには、長い処理手順をこなす際には、少しずつ処理内容を記録することで作業の継続性を図ることも可能です。メニューバーにあるコマンドをクリックする代わりに、gretlに処理させる命令をコマンドの形で直接記述しなければなりませんので、やや面倒だと感じる方もいるかもしれません。しかしそれほど難しいことではありませんので、ぜひトライしてください。

1.4.2　スクリプト・ファイルの使い方

　スクリプト・ファイルの扱いは、テキストファイルとほぼ同様と考えてください。もちろん、書き込む内容は一定のルールに沿ったものでなければなりませんし、小文字の英数字のみを受け付けるものですから、プログラミング初心者にはやや敬遠されるかもしれません。しかし、慣れてしまえば難しいものではありません。

　スクリプト・ファイルを作成するには、File ⇒ Script files ⇒ New script ⇒ gretl scriptとクリックしてください（図1-11を参照）。すると、白紙の画面が現れますので、そこにさまざまなコマンドなどを書き込みます。ここでは、前節で計算した記述統計と相関係数を求めてみましょう。

　白紙のスクリプト・ファイルに

summary GDP_per

と打ち込んでください。そのあと、図1-12にある、メニューバーの左から6番目の歯車のアイコンをクリックしてください。これはスクリプト・ファイルの命令を実行するためのコマンドです。これでGDP_perの記述統計量が得られたはずです。

　もう1つ練習してみましょう。今度はGDP_perとCP_perの相関係数

図1-11 スクリプト・ファイルの作成

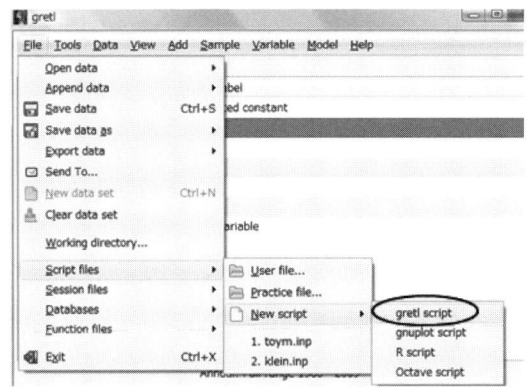

図1-12 記述統計量の計算

を求めます。スクリプト・ファイルに同様に

corr GDP_per CP_per

と書きこんで、同様に実行のアイコンをクリックすれば、この2変数の相関係数が得られます。

　このスクリプト・ファイルは、あとで命令などを書き足せますので保存しておきましょう。スクリプト・ファイルのメニューバーの左から3番目のフロッピーのようなアイコンをクリックすれば、このスクリプト・ファイルはワーキング・ディレクトリに保存されます。この場合、「.inp」という拡張子が付加されます。

1.4.3　セッション・ファイルの保存

　スクリプト・ファイルで実行した結果を保存することも可能です。セッション・アイコン・ビューの中にアイコンとして保存すると便利です。

図1-13 分析結果の保存

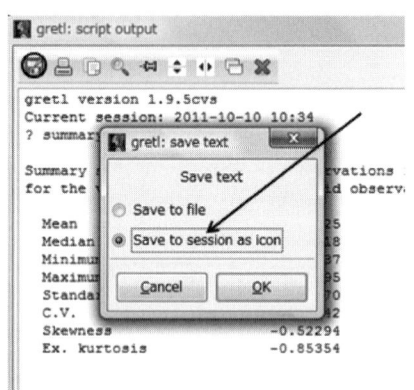

スクリプト・ファイルで指示した命令の実行結果が表示されている画面を見てください。その上部にメニューバーがありますが、その一番左にあるフロッピーのようなアイコンをクリックします。そのあと、現れたボックス内のSave to session as iconをクリックしてください（図1-13）。すると、セッション・アイコン・ビューの中にscript outputというアイコンができます。これが先の実行結果です。

セッション・アイコン・ビューそのものを保存する場合には、右クリックでメニューを表記させ、その中のSave sessionを選択します。これをセッション・ファイルと言い、「.gretl」という拡張子が付きます。

1.5　その他

以上で、gretlを使うための準備ができました。最後に、ここまで触れることのできなかったいくつかの点について述べておきます。

1.5.1　データ・ファイルの保存とgretlの終了

一連の作業が終了すれば、そのデータ・ファイルを保存しておくことになります。保存する方法はFile ⇒ Save dataとクリックすると、ワーキン

図 1 -14　データ・ファイルの保存

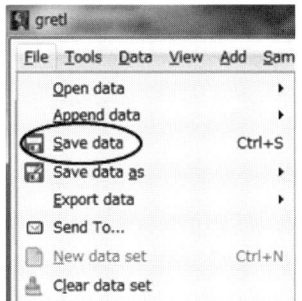

グ・ディレクトリが表示されますので、そこでファイル名を書き入れ、OK をクリックします（図 1 -14参照）。データ・ファイルは「.gdt」という拡張子で保存されたはずです。

1.5.2　ヘルプの利用

　gretl を縦横に使いこなすには、やはり gretl が備えているユーザーガイドやコマンドレファレンスを参照することが必要になります。いずれも英語で書かれていますが、英語自体それほど難しくはありませんので、ぜひ挑戦してみてください。

　ユーザーガイドおよびコマンドレファレンスは、メニューバーの Help コマンドをクリックすることで表示できます。ユーザーガイドは gretl の一般的な使用法を、計量経済学のツールとともに説明したものです。また、コマンドレファレンスは主としてスクリプト・ファイルで使用するコマンドの内容が記載されています。いずれも大部ですが PDF ファイルですので、時間があるときに関心のある事項を覗いてみることをお勧めします。

1.5.3　サンプル・ファイル等の利用

　gretl には、その練習用のデータ・ファイルやスクリプト・ファイルが添付されています。File ⇒ Open data ⇒ Sample file とクリックすると、

gretl 独自のサンプル・データの他に、Greene, W.（2003）*Econometric Analysis* および Ramanathan, R.（2002）*Introductory Econometrics with Applications* といった、欧米で定評ある計量経済学のテキストで取り上げられたデータが備わっていますので、練習用に利用することができます。

また、File ⇒ Script file ⇒ Practice file とクリックすると、計量経済学のテキストや学術論文で使用された高度な方法を記述したスクリプト・ファイルが得られます。これを参考にしながら、独自のスクリプト・ファイルを作成することができます。

第1章のまとめ

○まずは、gretl を起動しましょう。
○ gretl のデータなどを格納する**ワーキング・ディレクトリ**を指定します。
○**データ・ファイル**の準備をします。分析に用いるデータをエクセルなどで作成し、これを CSV 形式で保存します。
○ CSV 形式のファイルを gretl にインポートし、データ・ファイルを作成します。
○ gretl ではデータ・ファイルにすでにある変数をもとに、① 新たな変数を作成する、② グラフを作成する、③ データの要約を行う、などが簡単に行えます。
○**スクリプト・ファイル**とは、一連の手順の「命令書」です。スクリプト・ファイルを利用することで、gretl の使い方がさらに広がります。

---第1章で使用したgretlのデータ・ファイル---
c11.gdt：国内総生産、消費、総人口と1人当たり国内総生産、消費データが収められています。

第2章 gretlで最小二乗法〈I〉
計量経済学の初歩の初歩

　本書の目的は gretl の使い方を紹介するだけではなく、gretl を利用して計量経済学の基本を説明することにあります。第2章では、その第一歩となる最小二乗法を取り上げます。gretl の使い方の基本ともなりますので、実際に gretl を操作しながら読み進めてください。

2.1　最小二乗法の考え方

　最小二乗法は計量経済学のイロハともいえる手法です。最小二乗法をベースにさらに発展的な分析手法が展開されますので、まずはその考え方をしっかり理解しましょう。

2.1.1　散布図と直線の当てはめ

　図2-1-aは、2つの変数 X と Y の散布図です。図から、X が増えると Y が増える、といった関係が推測されます。X と Y といった抽象的な表現がわかりにくければ、前章で用いた1人当たり GDP と消費の関係をイメージしてください。

　この図の X と Y の間にはどのような関係が想定されるでしょうか。もっとも単純な推測は、両者に (2-1) 式のような一次式で表現される関係が

図2-1　2変数XとYのプロットと直線の当てはめ

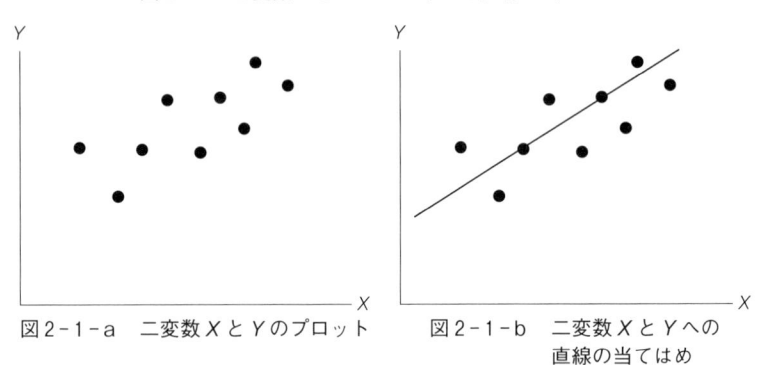

図2-1-a　二変数XとYのプロット　　図2-1-b　二変数XとYへの
　　　　　　　　　　　　　　　　　　　　　　　直線の当てはめ

図2-2　直線の当てはめと残差

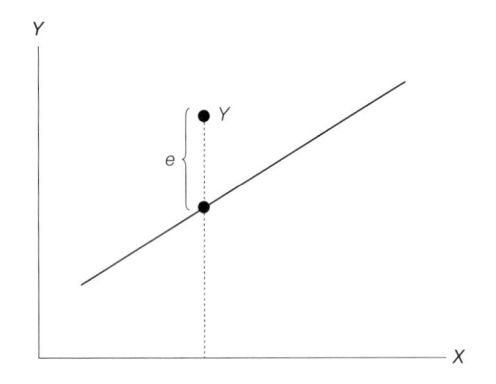

存在するというものでしょう。

$$Y = \alpha + \beta X \tag{2-1}$$

この式を仮定して実際に直線を当てはめたものが、図2-1-bです。1本の直線を当てはめることで、その傾きβと切片αの値を得ることができます。しかし、2変数XとYに対する直線の当てはめ方は、図2-1-bに示したものだけでなく無数にあるはずです。そのルールを定めるのが最小二乗法です。

　変数XとYの散布図に直線を引いたとしても、すべての点がその直線

上に乗るわけではありません。図2-1-bではたまたま2つの点が直線の上にありますが、その他の点は直線から外れています。図2-2は、あるXの値に対応したYの値に対し、引いた直線との外れ具合を示したもので、この外れ具合を**残差**と言います。この残差をもとに、直線の当てはめ方をルール化しましょう。

残差eを式で示すと、(2-2)式のようになります。

$$e = Y - \hat{\alpha} - \hat{\beta}X \Rightarrow Y = \hat{\alpha} + \hat{\beta}X + e \qquad (2\text{-}2)$$

ここで$\hat{\alpha}$と$\hat{\beta}$は、それぞれ当てはめた直線の切片と傾きを示しています。したがって残差eは、あるXの値に対応する直線上の値と実際のYの値との差ということになります。

2.1.2 最小二乗法

直線の当てはめ方のルールとして、例えばこの残差の総和がもっとも小さくなるように$\hat{\alpha}$と$\hat{\beta}$を定めるという方法もあるでしょう。しかし、残差にはプラスとマイナスがありますから、直線から大きく上下に離れている点の残差が、プラスとマイナスで相殺されてしまうこともあります。そこで、残差の2乗の合計を最小にするように直線を引く、言い換えれば**残差二乗和**（Sum of Squared Residuals；SSR）を最小化するような$\hat{\alpha}$、$\hat{\beta}$を定めるというルールを採用しましょう。このルールで直線を引く方法を**最小二乗法**（Ordinary Least Squares；OLS）と言います。残差二乗和を最小にするという方法は、XとYという2変数のケースだけでなく、多くの変数を含む場合にも共通の考え方になります。

さて、実際に$\hat{\alpha}$と$\hat{\beta}$を求めてみましょう。その前に、XとYという変数と実際のデータを対応させるために、添え字を付しておきたいと思います。例えばX_iであれば変数Xの第i番目のデータである、などです。もしデータ数（観測値の数とも言います）がn個あれば、X_i（$i=1,\cdots,n$）と書くことで、変数Xのデータを簡単に記述することができます。これを用いて、第i番目の観測値の残差は(2-2)式を利用して

$$e_i = Y_i - \hat{\alpha} - \hat{\beta}X_i \qquad (2\text{-}3)$$

と書けます。したがって残差二乗和は、

$$SSR = \sum_{i=1}^{n} e_i^2 = \sum_{i=1}^{n} (Y_i - \hat{\alpha} - \hat{\beta} X_i)^2 \qquad (2\text{-}4)$$

となります。残差二乗和 SSR を最小にする $\hat{\alpha}$, $\hat{\beta}$ を求めるには、(2-4)式をそれぞれ $\hat{\alpha}$, $\hat{\beta}$ で偏微分して0とおきます（以下では $\sum$ 記号の表記を簡略化してあります）。

$$\frac{\partial SSR}{\partial \hat{\alpha}} = \sum \frac{\partial}{\partial \hat{\alpha}} (Y_i - \hat{\alpha} - \hat{\beta} X_i)^2 = \sum \{-2(Y_i - \hat{\alpha} - \hat{\beta} X_i)\} = 0 \qquad (2\text{-}5\text{-}1)$$

$$\frac{\partial SSR}{\partial \hat{\beta}} = \sum \frac{\partial}{\partial \hat{\beta}} (Y_i - \hat{\alpha} - \hat{\beta} X_i)^2 = \sum \{-2X_i(Y_i - \hat{\alpha} - \hat{\beta} X_i)\} = 0 \qquad (2\text{-}5\text{-}2)$$

となります。したがって、(2-5-1)式から

$$n\hat{\alpha} + \hat{\beta} \sum X_i = \sum Y_i \qquad (2\text{-}6\text{-}1)$$

また、(2-5-2)式から

$$\hat{\alpha} \sum X_i + \hat{\beta} \sum X_i^2 = \sum X_i Y_i \qquad (2\text{-}6\text{-}2)$$

が得られます。この2つの式を**正規方程式**と言います。X_i と Y_i はデータとして与えられていますから、(2-6-1)、(2-6-2)式は $\hat{\alpha}$ と $\hat{\beta}$ を未知数とする連立方程式とみなすことができます。したがってこの2式から、$\hat{\alpha}$、$\hat{\beta}$ を求めることが可能になります。実際に求めてみると、

$$\hat{\beta} = \frac{\sum (X_i - \overline{X})(Y_i - \overline{Y})}{\sum (X_i - \overline{X})^2} \qquad (2\text{-}7\text{-}1)$$

$$\hat{\alpha} = \overline{Y} - \hat{\beta} \overline{X} \qquad (2\text{-}7\text{-}2)$$

となります。ただし、$\overline{Y} = (1/n) \sum Y_i$、$\overline{X} = (1/n) \sum X_i$ を表しており、それぞれデータの平均（標本平均）にあたります。

以上で最小二乗法によって α、β の推定値 $\hat{\alpha}$、$\hat{\beta}$ を得ることができました。改めて(2-2)式に戻ると

$$Y_i = \hat{\alpha} + \hat{\beta} X_i + e_i \quad \text{or} \quad \hat{Y}_i = \hat{\alpha} + \hat{\beta} X_i \qquad (2\text{-}8)$$

となります。Y_i と $\hat{Y}_i$ の差が、残差 e_i となるわけです。$\hat{Y}_i$ を Y_i の**予測値**と言います。

2.1.3 残差の性質と決定係数

最後に、当てはまりの良さを示す尺度である決定係数（R^2）を説明しておきましょう。そのために、残差の性質を理解する必要があります。(2-8)式から

$$Y_i = \hat{Y}_i + e_i \tag{2-9}$$

が成立します。すなわち「データの値＝予測値＋残差」です。したがって、

$$e_i = Y_i - \hat{\alpha} - \hat{\beta} X_i \tag{2-10}$$

ですから、これの総和をとると

$$\sum e_i = \sum Y_i - n\hat{\alpha} - \hat{\beta} \sum X_i \tag{2-11}$$

です。この(2-11)式と、正規方程式の最初の式である (2-6-1)式を比べると

$$\sum e_i = 0 \tag{2-12}$$

が得られます。これから、残差の総和はゼロになるということがわかりました。同様に、(2-10)式のそれぞれの項に X_i を掛け、総和をとって(2-6-2)式と比べると

$$\sum e_i X_i = 0 \tag{2-13}$$

が求まります。最後に

$$\sum \hat{Y}_i e_i = \sum (\hat{\alpha} + \hat{\beta} X_i) e_i = \hat{\alpha} \sum e_i + \hat{\beta} \sum X_i e_i = 0 \tag{2-14}$$

となります。

次に、データの平均からの偏差というものを考えます。平均は $\overline{Y} = (1/n) \sum Y_i$ でした。実際のデータと平均の差は $Y_i - \overline{Y}$ ですが、これに予測値 $\hat{Y}_i$ を代入すると

$$Y_i - \overline{Y} = (\hat{Y}_i + e_i) - \overline{Y} = (\hat{Y}_i - \overline{Y}) + e_i \tag{2-15}$$

となります。(2-15)式の両辺を2乗して総和をとると

$$\sum (Y_i - \overline{Y})^2 = \sum \{(\hat{Y}_i - \overline{Y}) + e_i\}^2 = \sum (\hat{Y}_i - \overline{Y})^2 + \sum e_i^2 + 2 \sum (\hat{Y}_i - \overline{Y}) e_i$$

です。ここで(2-12)式と(2-14)式の結果を用いると、

$$\sum (Y_i - \overline{Y})^2 = \sum (\hat{Y}_i - \overline{Y})^2 + \sum e_i^2 \tag{2-16}$$

が得られます。この左辺は平均の偏差の二乗和で **Y の総変動** と呼ばれ、Y のデータが平均値からどれだけ変動しているかを示す指標です。右辺

第一項は「$\hat{Y}$（予測値）で説明できた部分」とみなせます。右辺第二項は残差の二乗和ですから「$\hat{Y}$で説明できなかった部分」ということになります。

そこで、最小二乗法によって得られた推定値 $\hat{\alpha}$、$\hat{\beta}$ のパフォーマンスの良さは $\hat{Y}$（予測値）で測られますから、(2-17)式のように**決定係数 R^2** を定義し、その値の大小で直線の当てはめの結果の良否を判断する指標としましょう。

$$R^2 = \frac{\sum(\hat{Y}_i - \overline{Y})^2}{\sum(Y_i - \overline{Y})^2} \tag{2-17}$$

なお、決定係数 R^2 は、その定義から 0 〜 1 の範囲の値となります。

2.2　gretl で最小二乗推定〈1〉

いよいよ gretl で最小二乗法を実行してみましょう。ここまで数式が多数出てきて、計量経済学は難しそうだなと思っていた人も、実際に gretl を利用すれば簡単に最小二乗法ができて驚くはずです。

2.2.1　経済活動とエネルギー需要

最初の例として、製造業の生産指数とエネルギー消費指数の関係を調べてみましょう。企業の生産活動にはエネルギーの投入が欠かせません。なお、これらのデータは経済産業省の「エネルギー白書2010年度版」から引用したもので、両指数とも1973年を100としています。

まず、gretl にこれらのデータを CSV ファイルから読み込ませ、データ・ファイルを作成します。第1章の手順を復習しておきましょう。

［1］データを表計算ソフトで作成し、CSV 形式で保存する。
［2］ワーキング・ディレクトリに、［1］のファイルがあるか確認する。
［3］gretl の File ⇒ Open data ⇒ Import の手順で［1］の CSV ファイルを読み込む。

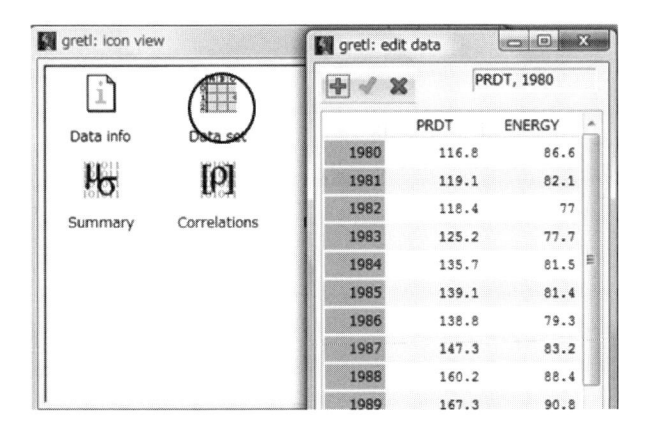

図 2-3　データ・ファイルの作成と確認

この手続きでデータを読み込ませます。そのデータを確認するために、アイコン・ビューの中にある Data set をクリックしてみてください。すると、図 2-3 にあるように読み込んだデータが現れるはずです。なお、読み込んだデータの一部もしくは全部を修正する場合には、CSV 形式のファイルを再度読み込むのは面倒ですので、Data set で現れたボックス内の値を直接変更してください。図 2-3 は、edit（編集）が可能な状態を示しています。

2.2.2　最小二乗法の実行

いよいよ最小二乗法を実行しましょう。まずは製造業の生産指数を X（変数名は PRDT）、エネルギー消費指数を Y（変数名は ENERGY）として (2-1)式を適用しましょう。すなわち、製造業の生産が高まるとエネルギー消費も多くなるという仮説を設定するのです。この場合、X にあたる変数を**独立変数**（あるいは説明変数）、Y にあたる変数を**従属変数**（あるいは被説明変数）と言い、最小二乗法を実行することを「Y を X の上に回帰する」などと表現します。ちなみに、この例のように説明変数が 1 つの場合を**単回帰**、2 つ以上の場合を**重回帰**と言いますが、両者に本質的な違いはありません。ただし、説明変数が 2 つ以上になると、図 2-1-b

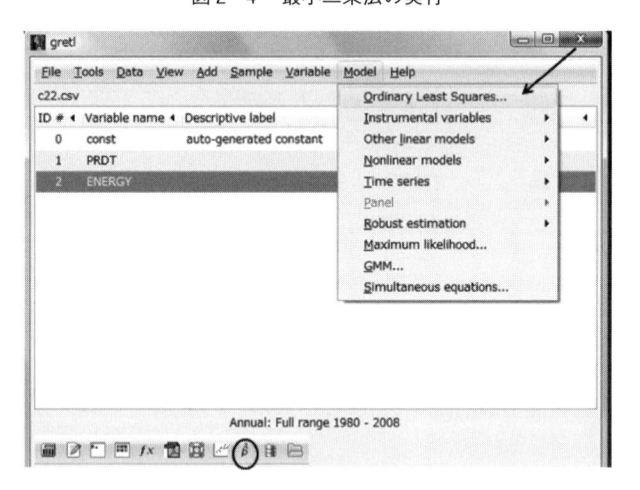

図2-4 最小二乗法の実行

で示した、平面上に直線を引くというビジュアルな説明ができなくなりますし、また前節で導出した最小二乗法の公式も行列形式となります。この点についてはあとで触れます。

さて、「エネルギー消費指数を生産指数の上に回帰する」という分析の方向が決まりましたので、これを gretl で実行させましょう。gretl で最小二乗法を実行するには、以下の2つのいずれかを行ってください（図2-4）。

［1］メニューバーにある Model ⇒ Ordinary Least Squares とクリックする。
［2］ツールバーにある $\hat{\beta}$ のアイコンをクリックする。

どちらの方法でも、図2-5のようなボックスが現れるはずです。ここで従属変数（Dependent variable）はエネルギー消費（ENERGY）ですので、ENERGY を反転させ（青く表記させ）、上部の矢印をクリックします。すると、Dependent variable と書かれた箱の下に ENERGY が入ります。同じように独立変数（Independent variable）にあたる PRDT を青く反転

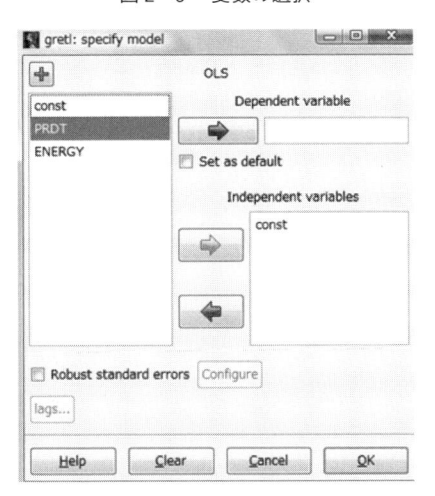

図2-5　変数の選択

図2-6　最小二乗法の結果

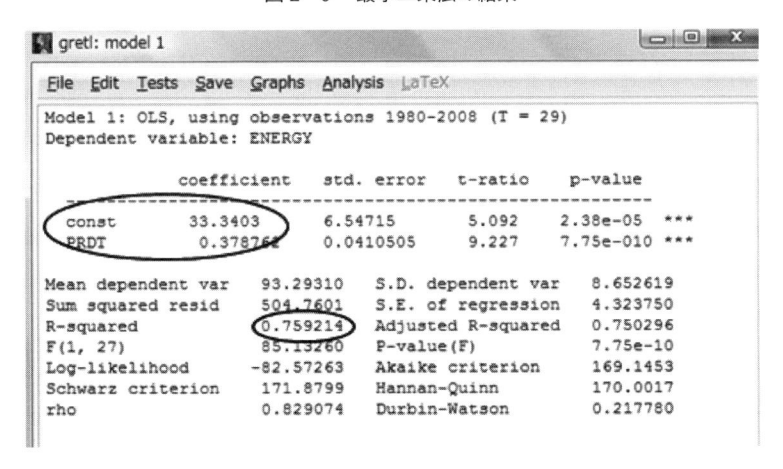

させ、真ん中の矢印をクリックすると、Independent variables の箱の中に PRDT が入るはずです。ちなみに、独立変数が複数あって、それを入れ替える際には、一番下の矢印を使用します。

以上の操作が終わったあとに OK をクリックしてください。すると、

図2-7 実行結果の保存

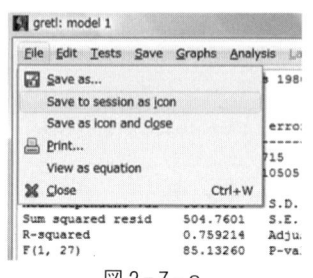

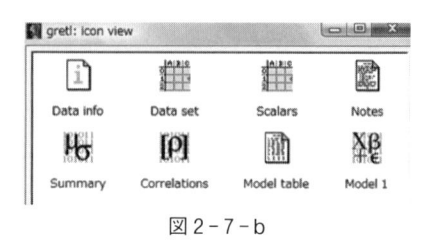

図2-7-a

図2-7-b

図2-6にある結果が得られるはずです。この結果を見ると、$\hat{\alpha}$にあたるconst（定数項）は33.34、また$\hat{\beta}$にあたる傾き（PRDTの係数）は0.3788と読み取れます。さらに、決定係数は0.759でした。図2-6にあるその他の数値の意味は、後ほど説明します。

2.2.3 アイコン・ビューと結果の保存

最小二乗法の実行結果を保存しましょう。まずは、上で示した最小二乗法の結果の上部にあるFileをクリックし、Save to session as iconを選択してください（図2-7-a）。すると、アイコン・ビューの中にModel 1というアイコンが現れます（図2-7-b）。このアイコンの中に上の結果が保存されているのです。

さらにこのアイコン・ビュー自体をファイルとして保存するためには、アイコン・ビューの中で右クリックして、Save sessionを選択してください。ワーキング・ディレクトリが現れますので、そこで適当な名前を付して保存します。このときのファイルには「.gretl」という拡張子が付されることは、前章で説明したとおりです。

2.2.4 散布図とアイコン・ビュー

アイコン・ビューの話が出ましたので、散布図と最小二乗法の結果を簡便に示すアイコンを説明しておきましょう。

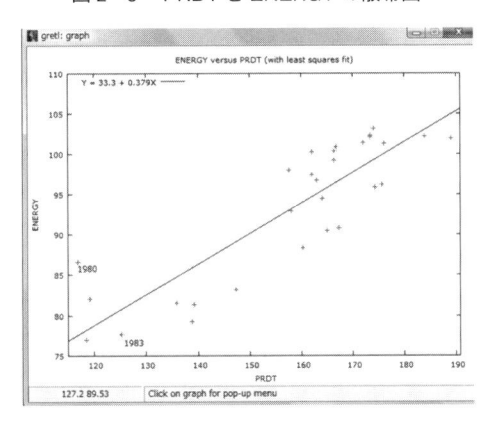

図2-8 PRDTとENERGYの散布図

 ツールバーにある右から4番目の、散布図をオマージュしたようなアイコンをクリックしてみてください。すると、図2-5と似たボックスが現れるはずです。しかし、これは散布図（XYグラフとも言います）を書くためのものですから、X軸とY軸にどの変数を選ぶかを決めるためのボックスです。
 ここではX軸にPRDTを、Y軸にENERGYを入れて、OKをクリックしてください。図2-8のような散布図が得られるはずです。この散布図もセッション・ファイルの一部としてアイコンの形で保存することが可能です。図の中でマウスを右クリックしてください。ここでSave to session as iconを選択すると、アイコン・ビューの中にGraph 1というアイコンができているはずです。このアイコンを保存するには、2.2.3項で説明したようにセッション・ファイル自体を保存してください。

2.3 データと関数

 gretlを用いた最小二乗法を説明してきました。ここでは、さらに進んだ計量経済学の方法に入る前に、知っておいてほしいいくつかの事項を述べておきます。

2.3.1 データについて

本書ではすでに、時系列データあるいはクロスセクション・データという用語を説明なしで用いてきました。ここで改めて、こうしたデータの種類などについて述べておきましょう。

(1) データの種類

前節では製造業の生産指数などのデータを用いて最小二乗法を行いました。この生産指数のデータは年度別にまとめられたもので、こうしたデータを**時系列データ**と呼ばれます。もちろんデータを代表させる時点は年度だけでなく、暦年、四半期、月次、日時等々さまざまなものがあります。一般には国内総生産は四半期ベースで公表されますが、民間のシンクタンクでは月次の GDP を推計しているところもあります。また、月次や四半期で計測されたデータを年度、もしくは暦年に変換することも容易です。一般に時系列データでは、データの添え字に t を用いて、そのデータの時点を示すことが多いようです。例えば、1980〜2010年度の GDP では GDP_t として、$t=1980, \cdots, 2010$ などと表します。

時系列データに対して、ある特定の時点を固定させ、その時点における地域別の人口、企業別の経常利益、個人ごとの賃金水準などを表すデータを**クロスセクション・データ**と言います。2010年度の都道府県別賃金と失業率の関係を分析する場合には、こうしたクロスセクション・データを用います。クロスセクション・データでは、データの添え字に i を用いることが多いようです。例えば、N 人の賃金データ（Wage）を示す場合、$Wage_i$ として、$i=1, \cdots, N$ などとします。

さらに、時系列データとクロスセクション・データをあわせたものを**パネル・データ**と言います。1980〜2005年度までの OECD 諸国の国別 GDP や、5年おきに合計4回調査を続けた特定の個人別の所得などがパネル・データになります。最近では、パネル・データを用いた分析が盛んに行われています。本書でも、gretl を用いたパネル・データ分析の例を取り上げます。

(2) データの変換

実証分析ではその目的に応じて、データの変換を行うことがしばしば行われます。代表的な例として、データを対数に変換する場合があります。その理由として、一般に多くのマクロ経済変数は時間とともに増加し、その水準が増加するほどその変数の分散も大きくなることが見受けられるからです。後の章で取り上げますが、分散が時間とともに変化すると、最小二乗法で推計した係数の値（すなわちβの値）が偏ったものになることが知られています。あるいは、すぐ次に説明する、弾力性を計算するための手段として、データを**対数変換**することがあります。

データの変換としては、時系列データであれば伸び率を用いたり、前期との差を取ったり（**階差**を取ると言います）することもしばしば行われます。階差変数は、時間とともにその変数にどれだけの変化が現れたかを表し、伸び率はその変化を％表示したものと考えればわかりやすいでしょう。

時系列データでは季節調整という形でのデータ変換も重要です。四半期別のデータには、12月はクリスマスなどの商戦で消費が増え、2月は雪が多いことなどによって住宅の着工数が少ないなど、季節による変動が含まれます。また、四半期を構成する日数も違うなど、条件も異なります。こうした季節ごとの変動要因を均すようにデータを変換することを、**季節調整**と言います。その方法としては、米国商務省が開発した X-12-ARIMA 法などがあります（本書では紹介しませんが、X-12-ARIMA 法も gretl で実行できます）。

2.3.2 線形関数とパラメータの意味

最小二乗法を適用した(2-1)式を再度掲げておきましょう。

$$Y = \alpha + \beta X \qquad (2\text{-}1)$$

これは X と Y が一次（線形）関数で示されています。分析の対象とする関数の多くは線形関数です。ただし、非線形関数であっても線形関数に変換することができる場合もあります。その代表的な例として、生産関数のパラメータの推計があります。

いま、(2-18)式のような生産関数を考えます。X が生産要素、Y が生産量です。

$$Y = aX^b \tag{2-18}$$

ここで両辺の対数を取りましょう。

$$\log Y = \log a + b \times \log X$$

さらに、$y \equiv \log Y$, $\alpha \equiv \log a$, $\beta \equiv b$, $x \equiv \log X$ とすれば

$$y = \alpha + \beta x \tag{2-19}$$

となります。まさに線形関数です。これで推計されたパラメータ α を指数変換すれば、もとのパラメータ a を再現することができます。このように、データの対数変換は線形関数へ変換する手段でもあることがわかります。

線形関数であることを前提に、パラメータ β を解釈してみましょう。(2-1)式から

$$\frac{dY}{dX} = \beta \tag{2-20}$$

であるので、X が1単位変化すると、Y が β だけ変化すると解釈できます（いわゆる一次関数の場合の直線の傾きです）。では、(2-19)式ではどうでしょうか。

$$\frac{dy}{dx} = \frac{d \log Y}{d \log X} = \beta \tag{2-21}$$

対数の微分は**弾力性**を表しますから、上式より、対数変換した式で推定した β は、X が1％変化したときに Y が何％変化するかを表していることがわかります。

前節では、PRDT と ENERGY の最小二乗法を gretl で実行しました。練習問題として、PRDT と ENERGY それぞれの変数を対数に変換して、同じように最小二乗法を実行してみてください。このときの $\hat{\beta}$ の値は、生産指数が1％上昇したときにエネルギー消費指数が何％増加するかを示す弾力性を表します。弾力性が0.617になったかどうか確認してみてください。

2.4 gretlで最小二乗推定〈2〉

クロスセクション・データを用いた最小二乗法を練習しておきましょう。生産とエネルギーの関係を扱った時系列データと基本は同じです。ここでは、都道府県別データを用いて、出生率と女性労働の関係を調べてみたいと思います。

2.4.1 出生率と女性労働の関係

わが国のみならず、先進国の多くは少子化に悩んでいます。少子化はさまざまな要因が関係しており、そのメカニズムを明らかにすることは難しい課題です。しかし、わが国では少子化の要因として、女性の就業と育児の両立が困難であることが指摘されています。このことは、女性の労働参加と育児が両立可能な地域ほど出生率が高い、ということになります。また、わが国では結婚と出産が密接に関連しているため、晩婚化の進展が少子化を促進する方向に働いていると考えられます。

本節では、この少子化とその要因に関する回帰分析を練習します。ここでの焦点は、扱うデータがクロスセクション・データであることと、2.1節と異なり、説明変数が複数ある、いわゆる重回帰分析の形態をとることの2つです。

こうした分析を行うには本来、個人別のデータ（個票とも言います）が必要ですが、残念ながら利用可能なデータがありません。そこで、都道府県別のデータを用いて間接的に検証してみましょう。

使用する変数は以下の3つです。出生率に関しては厚生労働省「人口動態統計」から合計特殊出生率（TFR、女性が一生の間に生む子どもの数の目安）、女性の労働参加については総務省「国勢調査」から女性の労働力率（15歳以上人口に占める労働力人口の割合）、そして結婚に関しては同じく厚生労働省「人口動態統計」から女性の平均初婚年齢を使用します。このうち、出生率と労働力率については2005年のデータを、結婚に関して

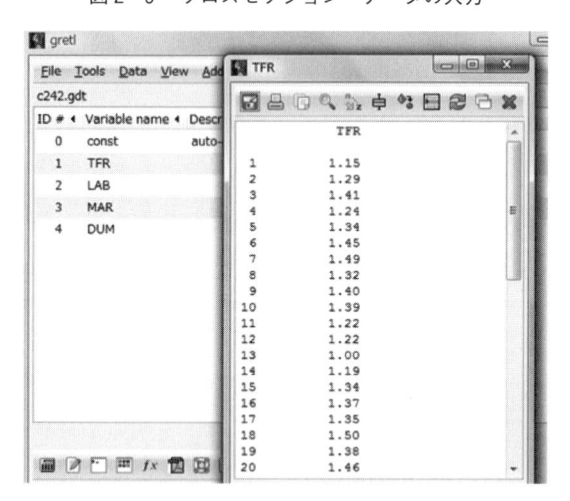

図 2-9 クロスセクション・データの入力

は 5 年前の平均初婚年齢を使用します。5 年前のデータを用いるのは、結婚から出産までの時間差を考慮したためです。

図 2-9 は gretl のワークファイルとその中の出生率を示す変数 TFR の値です。TFR はクロスセクション・データですので、変数の順序は 1、2、3、…と並んでいます（この数字は各都道府県のコードに対応しています）。なお、LAB が女性の労働力率、MAR が平均初婚年齢です。DUM についてはあとで説明します。

2.4.2 重回帰分析の結果

以上のワークファイルをもとに、出生率とその要因との関係を分析してみましょう。まずは、2.2.2 項で説明した最小二乗法を適用し、被説明変数 TFR を定数項と LAB の上に回帰（単回帰）してみましょう。その結果を示した表の上部にある File をクリックし、Save to session as icon を選択すると、アイコン・ビューの中に Model 1 というアイコンが作成されているはずです（ツールバーの左から 4 番目のアイコンをクリックするとアイコン・ビューが現れます）。

結果を見ると、労働力率の係数はプラスになっています。またその係数の肩に ∗∗∗ とアスタリスクが３つ付いています。次章で詳細に説明しますが、アスタリスクが付いていればその説明変数は実質的に（統計学的には有意に）被説明変数に影響しているということを示しています。係数がプラスですから、女性の労働力率が高い都道府県ほど出生率（TFR）も高いという、事前の仮説通りの結果が得られました。

　さて、出生率に影響を与える変数として労働力率以外に、結婚の要因があるでしょう。そこで、説明変数に MAR を加え、被説明変数 TFR を定数項と LAB、MAR の上に回帰してみましょう。これは複数の説明変数を考慮していますので重回帰分析と呼ばれます。最小二乗法を実行し、その結果を上と同様にアイコン・ビューに保存しておいてください。Model 2 というアイコンが作られているはずです。

　さらにもう１つ新しい変数を加えましょう。**ダミー変数**です。ダミー変数は、サンプルの中で他の観測値と大きく異なるものがある場合に、その観測値をそのままにして分析を行うと、その大きく異なった観測値によって、回帰分析の結果が影響を受けてしまうことを防ぐためのものです。

　被説明変数である出生率（TFR）を見ると、都道府県の単純平均が1.35であるのに対し、沖縄県は1.72と格段に高い値となっています。そこで、他の都道府県には０を、沖縄県だけに１を与える DUM 変数を付け加えてみます。このダミー変数は、沖縄県だけその定数項の部分を大きくして、他の都道府県との出生率の違いを定数項の大きさの違いとして解釈しようとするものです。したがって、沖縄県を含むすべての都道府県の労働力率などにかかる係数は共通で、定数項だけ異なるという構造をモデルに与えることになります。

　ダミー変数をあとからデータ・ファイルに加えるには、次のように進めます。メニューバーにある Add をクリックし、中にあるメニューから Define new variable を選びます。これをクリックするとボックスが現れますので（図２-10）、そこで「Series DUM =0」と加えます。次に、メニューバーから Data ⇒ Edit values を選び、目当ての都道府県（上の場合は

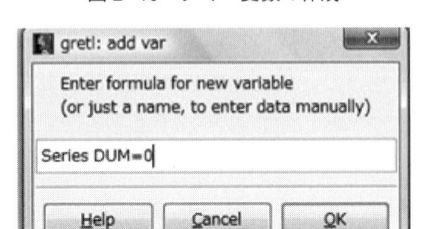

図2-10 ダミー変数の作成

沖縄県）の0を1に変更してボックスを閉じます（1を入力して他の行に移ることでデータの変更が確定されます）。

この沖縄県のダミー変数を示す DUM を加え、説明変数を3つにして最小二乗法を行ってください。これもアイコン・ビューの中に Model 3 として保存しましょう。

アイコン・ビューにある Model 1 から Model 3 までのアイコンを、Model table と書かれたアイコンまでそれぞれドラッグしてみてください。そのあとで Model table アイコンをクリックすると、図2-11のように上記で行った3つの回帰分析結果が並んで表示されているはずです。この機能は、推計したモデルを比較するうえでとても便利です。

図2-11を見ると、説明変数が労働力率のみの Model 1（(1)として表示されています）は、すでに述べたようにプラスの係数で2つのアスタリスクが付されています。しかし、Model 2 では労働力率の係数からアスタリスクが消え、係数の大きさも低下しています。一方、初婚率はマイナスの係数で2つのアスタリスクが付いています。このことから、変数が2つのモデルでは労働力率は有意ではなく、初婚年齢が上昇するほど出生率が低くなるという構造のほうが強く出ています。Model 3 は沖縄県のダミー変数を加えたものです。この結果を見ると、3つの変数すべてに2つのアスタリスクが付いていて、3変数いずれもが出生率に有意に影響をしているということになります。なお、Model table では有意水準1％を意味するアスタリスク（3つのアスタリスク）は表示されませんので注意し

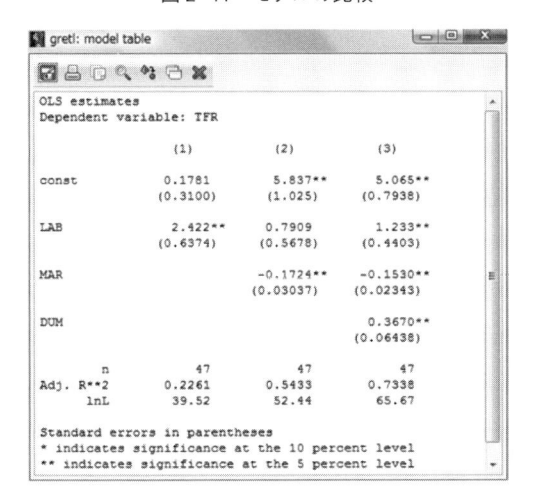

図2-11 モデルの比較

```
gretl: model table
OLS estimates
Dependent variable: TFR

                (1)           (2)           (3)

const         0.1781        5.837**       5.065**
             (0.3100)       (1.025)      (0.7938)

LAB           2.422**       0.7909        1.233**
             (0.6374)      (0.5678)      (0.4403)

MAR                        -0.1724**     -0.1530**
                           (0.03037)     (0.02343)

DUM                                       0.3670**
                                         (0.06438)

         n       47            47            47
  Adj. R**2    0.2261        0.5433        0.7338
       lnL    39.52         52.44         65.67

Standard errors in parentheses
* indicates significance at the 10 percent level
** indicates significance at the 5 percent level
```

てください。

　以上の例は、単回帰だけでなく、複数の説明変数を加えた結果を慎重に吟味する必要性があることを示していると言えます。実際の分析で単回帰を行うことは稀です。単回帰も重回帰もその違いは説明変数の数だけですから、次章以降は回帰という場合、一般に重回帰を意味するものとします。

第2章のまとめ

○ 2変数の場合の**最小二乗法**とは、散布図に直線を当てはめるルールを与えるものです。一般に最小二乗法とは、残差の二乗和を最小にするように方程式を推定するルールを意味します。

○ **決定係数**とは、最小二乗法による推定の説明力の良さを表す指標です。定義上、決定係数は0～1の値をとり、1に近いほど説明力が高いことになります。

○「経済活動とエネルギー需要」の関係について、gretlを用いて最小二乗法で分析したところ、両者に正の関係が見つかりました。また、アイコン・ビューを使うと便利であることがわかりました。

○ 分析に用いるデータの種類には、**時系列データ、クロスセクション・データ、パネル・データ**があります。

○ 非線形な方程式についても、変数を対数変換することで線形関係に変換することが可能になる場合があります。

○「出生率と女性労働」の関係について、gretlを用いて最小二乗法で分析したところ、両者に正の関係が見つかりました。

第2章で使用したgretlのデータ・ファイル

c22.gdt：2.2節で使用した経済活動とエネルギー需要のデータです。
c24.gdt：2.4節で使用した都道府県別の出生率と女性労働関連のデータです。

第3章 gretlと古典的回帰モデル
推定結果の見方

　前章までは、gretlを使って実際のデータに最小二乗法を適用する方法を説明してきました。本章では、最小二乗法を支える統計的な側面を説明し、推定した結果をどのように解釈すればよいかということが話題の中心になります。ただし、統計学の詳細な議論は割愛し直観的な説明を試みましたので、さらに詳しく知りたい読者は、本書の最後にある付録Aや付録Cなどを参照してください。また、以下では読者の理解を容易にするため、主として単回帰分析を例に説明しますが、重回帰分析でも結論は変わりません。

3.1 古典的回帰モデル

　再び計量経済学のツールの話に戻りましょう。最小二乗法というのは、X-Y平面に直線を引くルールを定める技術的な取り決めです。これに統計学的な要素を加えて、最小二乗法の結果の検定などを試みる場合があります。そのもっとも単純な仮定に基づくモデルを、古典的回帰モデルと言います。この節と次の節は理論的な説明が主になりますが、計量経済学にとって重要な論点ですので、忍耐強くお付き合いください。

3.1.1 線形モデルの意味

X_i を説明変数、Y_i を被説明変数としましょう。両者の関係を一次式の形で表現し、さらに**攪乱項** u_i を加えた**線形モデル**を次式のように設定します。

$$Y_i = \alpha + \beta X_i + u_i \tag{3-1}$$

前章では攪乱項 u_i ではなく、残差 e_i を使ってきました。その理由は、残差の方が直観的にわかりやすいからです。しかし、残差と攪乱項は異なるものです。残差は X-Y 平面に直線を引いたときの"誤差"を示すものでした。攪乱項は X_i と Y_i の関係が完全な一次式で示されるのではなく、X_i という説明変数だけでは Y_i の変動を説明できない要素が他にあって、それを体現するものであると考えます。

具体的に、攪乱項はどのようなものを体現しているのでしょうか。いろいろな見方がありますが、ここでは3つの要素をあげておきます。第1は、Y_i を説明するものには X_i 以外に多くの要因があるのですが、(3-1)式には X_i しか用いておりません。攪乱項は X_i 以外の諸々の変数を示しているという見方です。例えば消費 (Y_i) を所得 (X_i) で説明する場合、消費は一般に資産や金利などにも影響を受けますが、こうした変数が (3-1) 式に含まれていないため、攪乱項がこれらの変数を体現していると考えるのです。

第2は、観測誤差です。先の例で言えば、消費も投資も統計数値として公表されますが、統計数値には観測誤差が付きものです。したがって攪乱項は観測誤差を示していると解釈されます。

第3は、X_i と Y_i の関係が必ずしも線形（一次式）の関係であるとは限らず、非線形（二次式など）の関係かもしれませんが、それを私たちは事前には知りえないため、線形の関係で近似していると考えます。その際、近似から外れる部分を攪乱項が表すのです。

攪乱項の解釈はさまざまですが、いずれにせよ、以下では (3-1) 式で示される線形モデルをもとに議論を進めることとします。

3.1.2　確率変数と攪乱項の仮定

次に、線形モデルを扱う上での1つの約束をします。それは、説明変数 X_i は非確率変数であり、攪乱項 u_i は確率変数であるというものです。**確率変数**とは、その変数がある値を取る場合、その値を取る確率が付与されるような変数を言います。攪乱項 u_i が確率変数であるということは、u_i が取る値は事前には決まっておらず、どのような値を取るかは、何らかの確率分布に従うということになります。一方、X_i は非確率変数ですから、事前にその値が固定されている変数と理解してください。ちなみに、攪乱項 u_i が確率変数であれば、(3-1)式から被説明変数である Y_i も確率変数となります。

では、攪乱項 u_i にどのような確率分布を与えたらよいでしょうか。測定誤差などを表す場合には、一般に**正規分布**が用いられます。攪乱項の意味などから正規分布を用いることが一般的です（もちろん他の確率分布を適用してもいいのですが、その場合は最尤法という推定方法を用いることになります。本書では扱いませんので、進んだ計量経済学のテキストなどを参照してください）。そこで、攪乱項 u_i を次のように定式化します。

$$u_i \sim N(0, \sigma^2) \qquad (3\text{-}2)$$

(3-2)式は u_i が平均0、分散 σ^2 の正規分布に従うことを示しています。N は Normal Distribution（正規分布）の頭文字です。分散 σ^2 の大きさは未知です。これも最小二乗法によって推定すべきパラメータの1つとなります。したがって、(3-1)式を最小二乗法で推定する場合、そのパラメータは α、β、σ の3つになると考えてください。

3.1.3　古典的回帰モデルの仮定

上で定義した攪乱項の仮定を適用した線形モデルを、**古典的回帰モデル**と言います。これまでに説明した仮定を整理しておきましょう。

［仮定1］説明変数 X_i は非確率変数である。したがって、説明変数と攪乱項は無相関となる。

［仮定 2 ］攪乱項 u_i の平均は 0 、分散は σ^2 である。すなわち、(3-3)式のように表せる。

$$E(u_i)=0, \quad Var(u_i)=\sigma^2 \quad （すべての i について） \quad (3\text{-}3)$$

仮定 2 では、すべての攪乱項はいつのデータであるか、あるいはどこの地域のデータであるかなどにかかわらず、その分散の大きさは変わらないということを述べています。さらに、

［仮定 3 ］異なる 2 つの攪乱項の間には相関はない。すなわち、(3-4)式のように表せる。

$$Cov(u_i, u_j)=0 \quad （すべての i \neq j について） \quad (3\text{-}4)$$

［仮定 4 ］攪乱項 u_i は正規分布に従う。

以上のことに留意して、古典的回帰モデルから得られるいくつかの帰結を示しておきます。なお、途中の式の導出等は省略し、β に関する結果のみを提示します。また、以下では式を簡潔に示すため、説明変数 X_i の平均値を $\overline{X}$ とし、平均からの乖離を小文字で表します。すなわち、$x_i=X_i-\overline{X}$ とします。このとき、$\hat{\beta}$（β の最小二乗推定量）は

$$\hat{\beta}=\beta+\frac{\sum x_i u_i}{\sum x_i^2} \quad (3\text{-}5)$$

となります。ここで注意していただきたいのは、(3-5)式の右辺に確率変数である攪乱項 u_i が入っていますので、パラメータの推定量 $\hat{\beta}$ も確率変数となることです。したがって、$\hat{\beta}$ には期待値と分散があります。

(3-5)式の結果から、推定されたパラメータ $\hat{\beta}$ の期待値は、

$$E(\hat{\beta})=\beta+\frac{\sum x_i E(u_i)}{\sum x_i^2}=\beta \quad (3\text{-}6)$$

です。ここで $E(\cdot)$ は期待値をとる記号（期待値オペレータ）を意味しています。(3-6)式は、最小二乗法で得られた推定値 $\hat{\beta}$ の平均は、真の値 β に等しいということを意味し、このとき $\hat{\beta}$ は β の**不偏推定量**であると言います。また、$\hat{\beta}$ の分散は

$$Var(\hat{\beta}) = \frac{\sigma^2}{\sum x_i^2} \tag{3-7}$$

となります。さらに、攪乱項 u_i が正規分布に従うのであれば、(3-5)式から $\hat{\beta}$ も正規分布に従います。

(3-7)式に関して、2点だけ留意してください。1つは、$\hat{\beta}$ の分散を知るには、攪乱項 u_i の分散の大きさがわからないと計算できないという点です。2つ目は、$\hat{\beta}$ の分散が小さいほど好ましいという性質です。実は、最小二乗法によって推定された $\hat{\beta}$ は、線形で計算される（すなわち(2-7-1)式のように表現される）推定量の中では、もっとも分散が小さい不偏推定量であることが知られています。その意味で最小二乗推定量 $\hat{\beta}$ は**最良線形不偏推定量**（Best Linear Unbiased Estimator；B.L.U.E.）と呼ばれ、このことを**ガウス＝マルコフ定理**と言います。

3.1.4 攪乱項の分散の推定量

残された課題は、攪乱項 u_i の分散 σ^2 の推定量を求めることです。手掛かりは、最小二乗法を適用した結果の残差 e_i です。攪乱項の分散の不偏推定量 s^2 は、(3-8)式で得られます。

$$s^2 = \frac{\sum e_i^2}{n-p} \tag{3-8}$$

ここで n はデータの数、p は定数項を含む説明変数の数です。(3-1)式のような単回帰のケースでは $p=2$ となりますが、重回帰では説明変数の数に応じて p の値が変わります。したがって(3-7)式から $\hat{\beta}$ の分散の不偏推定量は

$$Est.Var(\hat{\beta}) = \frac{s^2}{\sum x_i^2} \tag{3-9}$$

となります。(3-9)式で $Est.$ としているのは、推定量の式であることを強調するためです。

以上が、古典的回帰モデルの概要です。

3.2 最小二乗推定量の統計的検定

攪乱項 u_i が正規分布に従うということから、推定されたパラメータ $\hat{\beta}$ などに対する統計的な検定が可能となります。gretl では最小二乗法の結果に関するさまざまな情報を示してくれますが、その多くは統計的検定の結果です。ここでは、最小二乗法に関する統計的検定の基礎となる t 検定と F 検定について説明します。

3.2.1 仮説検定①：t 検定

前節では、最小二乗推定量 $\hat{\beta}$ は次のような正規分布に従うことを説明してきました。

$$\hat{\beta} \sim N\left(\beta, \frac{\sigma^2}{\sum x_i^2}\right) \tag{3-10}$$

これを標準正規分布に修正すると見通しがよくなります。**標準正規分布**は期待値が 0、分散が 1 となるような正規分布です。(3-10)式で示される分布を**正規化**すると、

$$Z = \frac{\hat{\beta} - \beta}{\dfrac{\sigma}{\sqrt{\sum x_i^2}}} \sim N(0, 1)$$

となります。分母は $\hat{\beta}$ の標準偏差となります。この式をそのまま使えればいいのですが、σ は未知の値であって、(3-8)式で示される不偏推定量 s のみが利用可能です。そこで、上の式の σ の代わりに s を用いると、

$$t = \frac{\hat{\beta} - \beta}{\dfrac{s}{\sqrt{\sum x_i^2}}} \sim t(n-p) \tag{3-11}$$

となります。この t は正規分布ではなく、**スチューデントの t 分布**（自由度は $n-p$）となることが知られています。そのため、(3-11)式を用いて t 分布による仮説検定を行うことになります。

仮説検定のイメージは図 3−1 を参照してください。仮説検定を行う場

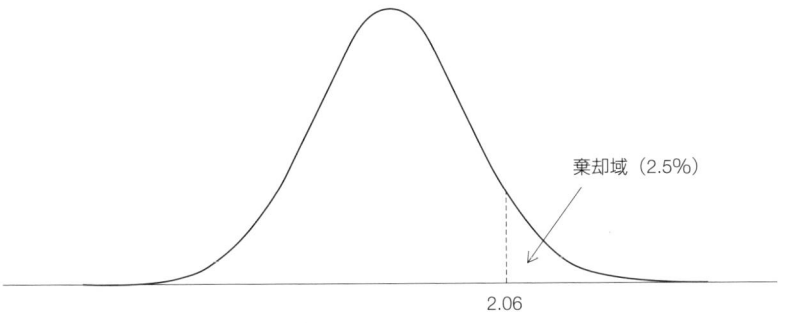

図3-1　t 分布とその棄却域（$n-p=25$ の場合）

棄却域（2.5%）

2.06

注）両側検定で5％の有意水準の場合である。

合には、まずは否定したい（棄却したい）仮説を**帰無仮説**（H_0 で表します）として設定します。例えば、パラメータ β の値がゼロである、すなわち説明変数 X_i は被説明変数 Y_i に何ら影響を与えないという仮説を設定します。これを否定する仮説を**対立仮説**（H_1 で表します）と言い、これらは

$$帰無仮説 \quad H_0:\beta=0$$
$$対立仮説 \quad H_1:\beta\neq 0$$

と表記されます。

　(3-11)式で計算された式に $\beta=0$ を代入して t 値を計算します。その値が両側検定で5％（図では右側の2.5％部分を示しています）の棄却域を示す値2.06よりも大きければ（$n-p=25$ の場合）、帰無仮説は棄却され、統計的にみて β はゼロではないということになります。反対に t 値が小さければ、帰無仮説を棄却できずに β はゼロという帰無仮説を受容することになります。これが、**t 検定**の考え方です。

　t 検定を行う際には、$n-p$ の値（これを t 分布の**自由度**と言います）と棄却域をどう設定するかが重要です。一般には自由度は20以上あることが望ましく、また棄却域の設定では片側検定もしくは両側検定で5％を設定することが多いようです。なお、自由度の大きさによって t 分布の形は異なり、$n-p$ の値が大きくなるほど正規分布に近づきます。

3.2.2　仮説検定②：F 検定

以上は単回帰モデルを前提としたものです。(3-1)式の代わりに、(定数項を除く) 説明変数が $K-1$ 個ある重回帰モデル(3-12)式を考えます。

$$Y_i = \alpha + \beta_1 X_{1i} + \cdots + \beta_{K-1} X_{iK-1} + u_i \qquad (3\text{-}12)$$

F 検定の帰無仮説は、すべてのパラメータ β_1、…、β_{K-1} がゼロであるというものです。すなわち、

$$\text{帰無仮説}\quad H_0 : \beta_1 = \cdots = \beta_{K-1} = 0$$
$$\text{対立仮説}\quad H_1 : H_0\text{ ではない}$$

となります。詳細は省きますが、(3-12)式を最小二乗法で推定した場合の決定係数 R^2 を用いて、(3-13)式で表される F 値を計算します。この F 値は自由度 $(K-1, n-K)$ の F 分布に従うことが知られています。

$$F = \frac{R^2 / K - 1}{(1-R^2)/(n-K)} \sim F(K-1, n-K) \qquad (3\text{-}13)$$

この F 値の大きさが、帰無仮説で設定した棄却域の値よりも小さければ、帰無仮説を棄却できず、(3-12)式の説明変数はすべて説明力を持たないことになります。

以上で、t 検定、F 検定の概要を説明しました。本来は統計学の理論に従って詳細に展開すべきところですが、ここでは考え方の流れを示すにとどめました。あとは実地に経験を積んで慣れていきましょう。gretl ではこれまで説明してきたさまざまな値や検定統計量を、自動的に計算してくれます。

3.3　gretl で最小二乗推定〈3〉

実際の数値例をもとに、gretl が算出する検定統計量の読み方と、そのために必要な情報（攪乱項 u_i の分散の不偏推定量など）などを説明します。

3.3.1 肥満と所得格差

ここで使用するデータは、都道府県別の肥満者の割合（変数名はObese2069）、脂肪摂取率（同Fat）、運動量（歩行数、同Exercise）と1人当たり県民所得です。肥満者の割合（20～69歳男子）、脂肪摂取率（20～49歳男子）、運動量（20歳以上男子）は内閣府『食育白書』の平成20年版に掲載されているもので、いずれも2001～2005年の平均の値です。1人当たり県民所得は、内閣府『県民経済計算』から算出したもので、2005年度のデータです。データ数は都道府県別データですから、$n=47$となります。

近年、低所得層の人々のほうがファストフードなど高カロリーの食事を多くとるため、肥満が多いという指摘もあります。所得格差が肥満を通じて健康格差に影響を与えているという仮説です。そこで、被説明変数に肥満者の割合、説明変数に1人当たり所得、脂肪摂取率、運動量をとって最小二乗法を当てはめてみます。

3.3.2 最小二乗法の適用

まずは、(3-14)式の推定を行います。

$$Obese2069_i = \alpha + \beta_1 \times \ln\_Income_i + \beta_2 \times Fat_i + u_i \qquad (3\text{-}14)$$

1人当たり県民所得は対数変換します。データの対数値への変換については、まずIncome変数をクリックして青く反転させたあとに、メニューバーからAdd ⇒ Logs of selected variablesを選びます。このとき、変数名をどうするか聞かれますので、ここではln_Incomeという名前を付しました。このあとは、前章で説明した手順をもとに最小二乗法を適用します。gretlによる推定結果が図3－2に示されています。図の①～⑨の値についてこれから説明をしていきますが、その前に残差の保存方法を説明します。

図3－2にあるアウトプットが得られた段階で、そのメニューバーにあるSaveコマンドをクリックします。するとResidualsというコマンドが現れますので、それをクリックすると、uhat1という変数名（名前は変更できます）でgretlのデータ・ファイルに残差が保存されます（図3－3

第Ⅰ部　入門編

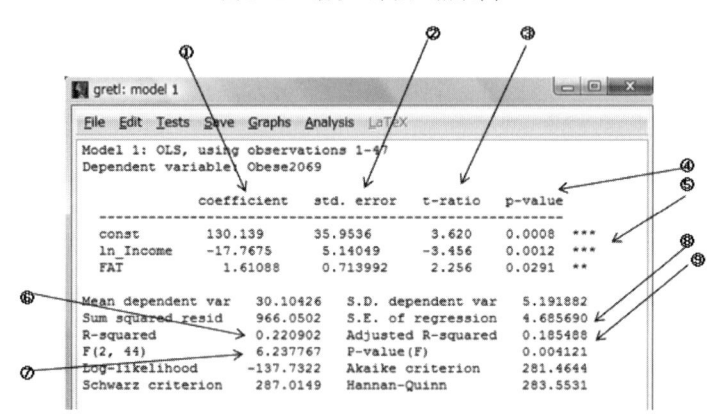

図3-2　最小二乗法の結果(1)

図3-3　残差の保存

参照)。ちなみに、同じコマンドには Fitted values というのもありますが、これは被説明変数（ここでは Obese2069）の予測値（理論値）を表します。これも gretl のデータ・ファイルに保存できます。

　残差や予測値などをエクセルシートなどにコピーする場合は、データ・ファイルにある変数名をクリックして青色に反転させたあと、マウスの右クリックで Copy to clipboard ⇒ comma を選択して OK を押します。これでクリップボード上にコピーされますので、エクセルシートに残差などの

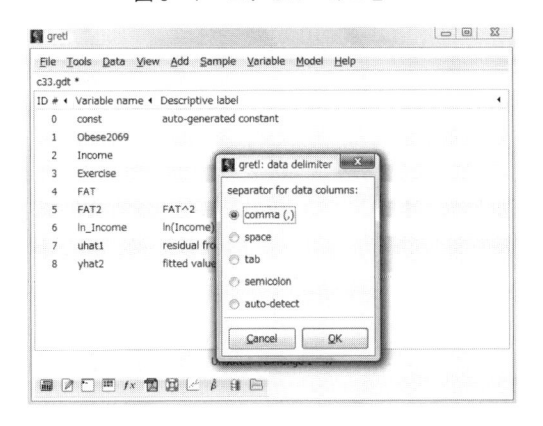

図 3-4 エクセルへのコピー

データを転記することができます（図 3-4 参照）。

図 3-2 から、1 人当たり所得が高い都道府県ほど肥満者の割合は低く、また脂肪摂取量が多いほど肥満者の割合が高いという結果が見てとれます。したがって肥満と所得の関係は、上で述べた仮説を体現していると言えるでしょう。また、脂肪摂取と肥満の関係は常識どおりです。

3.3.3 統計的検定とアウトプットの読み方

図 3-2 をもとに、最小二乗法のアウトプットの読み方を説明しましょう。

①は係数の推定値です。これは説明は不要でしょう。次に②ですが、これは(3-9)式の分散に対応する各パラメータの標準偏差を表しています。説明変数としての 1 人当たり所得（の対数値）のパラメータは -17.7675 であり、その標準偏差は 5.14049 です。したがって、(3-11)式からその t 値は -3.456 になります（図の③）。この推定式の自由度は、定数項を含む説明変数の数が $p=3$ ですから、データ数 47 からこれを引いて 44 となります。すなわち、自由度 44 の t 分布表を見て、1 人当たり所得の係数がゼロであるかどうかの t 検定を行う必要があります。

しかし、ひとつひとつの結果を t 分布表で参照するのは面倒です。そこ

図3-5　攪乱項の計算例

	Obese2069	ln(Income)	Fat	uhat1	uhat1^2
北海道	37.5	7.828	24.8	6.503	42.290
青森県	29.6	7.699	22.5	0.007	0.000
岩手県	41.2	7.758	23.3	11.366	129.191
宮城県	30.8	7.853	24.0	1.525	2.326
秋田県	27.7	7.740	23.9	-3.422	11.711
山形県	29.4	7.776	23.5	-0.432	0.187
福島県	29.2	7.933	24.6	0.391	0.153
茨城県	36.9	7.950	25.0	7.737	59.863
栃木県	33.4	8.045	26.0	4.317	18.635
群馬県	35.8	7.955	25.4	6.093	37.122
埼玉県	27.4	7.993	25.2	-1.318	1.738
千葉県	25.8	7.989	25.7	-3.790	14.364
東京都	27.3	8.435	26.4	4.509	20.328
神奈川県	26.2	8.077	26.8	-3.594	12.920
新潟県	30	7.918	24.4	1.230	1.514
富山県	21.7	8.064	23.9	-3.656	13.367
石川県	27.7	7.974	25.4	-1.674	2.802
...	...	...	...	...	...
佐賀県	30.8	7.811	24.9	-0.665	0.442
長崎県	22.1	7.672	22.8	-8.458	71.534
熊本県	30.1	7.742	23.3	-0.017	0.000
大分県	34.1	7.869	24.6	4.153	17.248
宮崎県	37.8	7.681	24.7	4.338	18.819
鹿児島県	28	7.723	23.9	-3.418	11.685
沖縄県	46.7	7.620	27.5	7.654	58.585

$s^2=$ 21.95568
$s=$ 4.68569

で便利な情報が p 値です。図3-2では④の矢印で示されている値になります。p 値のpはprobability（確率）の意味で、帰無仮説が棄却できない確率を計算してくれるものです。1人当たり所得のパラメータの p 値は0.0012です。すなわち、帰無仮説が棄却できない確率は0.1％程度ということですから、言い換えれば99.9％に近い確率で帰無仮説が棄却できることを意味しています。一般に、p 値が小さいほど帰無仮説が棄却され、その基準は1％もしくは5％とされています。上の例では1％有意水準で帰無仮説（すなわち、1人当たり所得のパラメータはゼロという仮説）が棄却されることを意味しています。

このことをよりビジュアルに示すために、gretlのアウトプットでは⑤のようにアスタリスクの数で示しています。アスタリスクが3つでは1％、2つでは5％、また1つでは10％の有意水準で帰無仮説が棄却できることを表しています。

さて、下の段にいきましょう。⑥は決定係数ですが、同じような指標が⑨でも与えられています。これは**修正済み決定係数**と言います。重回帰分

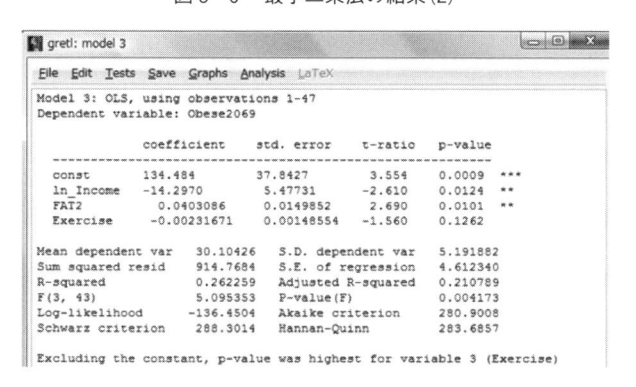

図3-6　最小二乗法の結果(2)

```
gretl: model 3
File  Edit  Tests  Save  Graphs  Analysis  LaTeX

Model 3: OLS, using observations 1-47
Dependent variable: Obese2069

              coefficient   std. error   t-ratio   p-value
  const         134.484      37.8427      3.554    0.0009   ***
  ln_Income    -14.2970       5.47731    -2.610    0.0124   **
  FAT2           0.0403086    0.0149852   2.690    0.0101   **
  Exercise     -0.00231671    0.00148554 -1.560    0.1262

Mean dependent var    30.10426    S.D. dependent var   5.191882
Sum squared resid    914.7684    S.E. of regression   4.612340
R-squared              0.262259   Adjusted R-squared   0.210789
F(3, 43)               5.095353   P-value(F)           0.004173
Log-likelihood      -136.4504    Akaike criterion    280.9008
Schwarz criterion    288.3014    Hannan-Quinn        283.6857

Excluding the constant, p-value was highest for variable 3 (Exercise)
```

析では、説明変数の数が増えるほど決定係数の値が大きくなります。関係のない変数をたくさん加えて、いたずらに決定係数を高めてもあまり意味はありません。そこで、説明変数の数を調整した決定係数を計算する必要が生じますが、修正済み決定係数がこれにあたります。これからは、⑨の修正済み決定係数に注目することとしましょう。⑦は(3-13)式に対応する F 値です。この例では6.2377ですが、その隣の p 値が0.0041ですから、すべてのパラメータがゼロであるという帰無仮説も1％有意水準で棄却されます。

　最後に、⑧の値を見ましょう。これは(3-8)式の攪乱項の分散の不偏推定量である s^2 の計算値です。参考までに、エクセルで実際に計算した結果を示しておきましょう。図3-5は、エクセルを用いて(3-14)式を推定した際の残差を uhat1 とし、その2乗和を $n-p=44$ で除して s の値を4.68569と計算した結果です。これは⑧で示されている値と一致しています。

3.3.4　推定式の比較

　(3-14)式以外にも、説明変数のさまざまな組み合わせを用いて推定を行うことができます。図3-6は、説明変数を1人当たり所得、脂肪摂取率の2乗、運動量の3つとした場合の推定結果です。図3-2の推定結果と

図3-7　モデルの比較

```
gretl: model table

OLS estimates
Dependent variable: Obese2069

                  (1)           (2)           (3)

const           130.1**       149.4**       134.5**
               (35.95)       (37.21)       (37.84)

ln_Income       -17.77**      -17.65**      -14.30**
                (5.140)       (5.119)       (5.477)

FAT              1.611**
                (0.7140)

FAT2                           0.03208**     0.04031**
                              (0.01425)     (0.01499)

Exercise                                    -0.002317
                                            (0.001486)

       n         47            47            47
Adj. R**2       0.1855        0.1851        0.2108
     lnL       -137.7        -137.7        -136.5

Standard errors in parentheses
*  indicates significance at the 10 percent level
** indicates significance at the 5 percent level
```

比べると、1人当たり所得の係数は−14.297とやや小さくなり、またp値は0.0124と5％有意水準で帰無仮説が棄却されています（アスタリスクの数は2つになっています）。脂肪摂取率の2乗の変数も5％有意水準で帰無仮説を棄却できることを示していますが、運動量のp値は0.1262と、有意な説明力を欠いていることがわかります。

修正済み決定係数はどうでしょうか。図3-2のケースでは0.1855でしたが、図3-6では0.2108とわずかながら高くなっています。また、s^2の推定値は4.6123と少し小さくなっています。

では、総合的にどちらの推定結果を選ぶべきでしょうか。実は、これがなかなか難しい問題なのです。修正済み決定係数を見れば図3-6のほうがよいのですが、しかし運動量という説明力のない変数が加わっています。そこで、この運動量を除いてもう一度推定してみましょう。図3-7は、3つの推定式を比較した結果です。これによれば、運動量を外すと修正済み決定係数は0.1851と低下し、先ほどの図3-2の結果のほうが好ましいことがわかります。

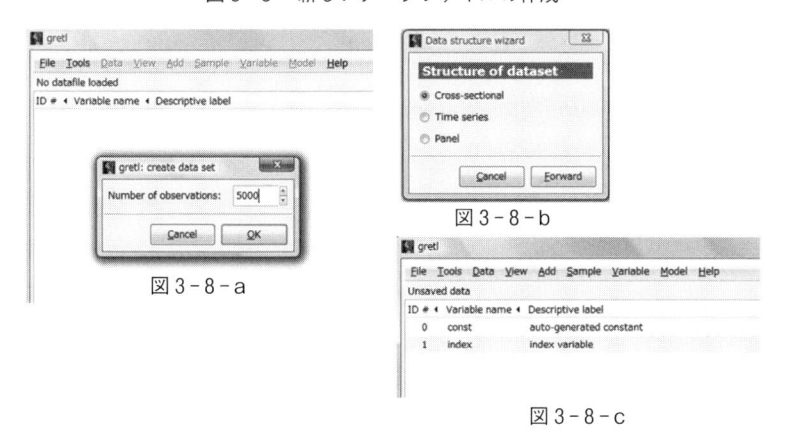

図 3-8　新しいデータファイルの作成

図 3-8-a

図 3-8-b

図 3-8-c

3.4　gretl による人工データの作成と分析

この節では、人工的なデータを作成し、攪乱項 u_i の分散の推定のパフォーマンスをチェックする実験を行ってみましょう。乱数を発生させる**モンテカルロ・シミュレーション**を利用した実験です。

3.4.1　データの作成

gretl では外部のデータをインポートせずにデータ・ファイルを作成することができます。そこで、まずは gretl のデータ・ファイルの作成から始めましょう。

gretl を起動し、変数が何もないデータ・ファイルを表示させます。メニューバーの File をクリックし、New data set を選択すると、図 3-8-a のように観測値数（Number of observations）を聞いてきますので、ここでは5000と打ち込みます。次に図 3-8-b にあるように、データの形式を尋ねてきますので cross-sectional を選択し、Forward をクリックします。そのあと Apply をクリックすると、図 3-8-c のような const（定数

59

図3-9　乱数の作成

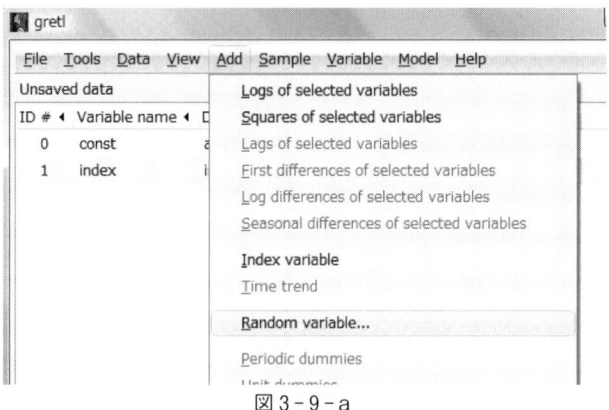

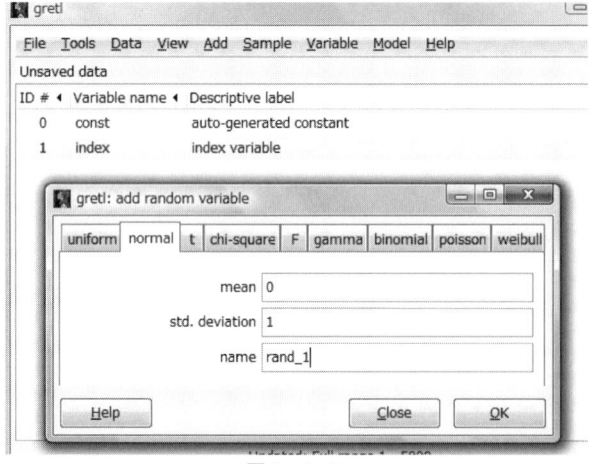

図3-9-a

図3-9-b

項）と index という 2 つの変数が表示されます。

次に、メニューバーの Add をクリックし、Random variable を選択すると（図3-9-a 参照）、図3-9-b に示すように乱数のもとになる確率分布を聞いてきますので、正規分布（normal）を選び、平均と標準偏差の値をそれぞれ 0、1 と指定し（したがって分散も 1）、変数名を rand_1 としておきましょう。これで5000個の正規分布に従う確率変数（乱数）が

図3-10 人工データのファイル

```
gretl
File  Tools  Data  View  Add  Sample  Variable  Model  Help
c34.gdt
ID #  Variable name   Descriptive label
 0    const           auto-generated constant
 1    index           index variable
 2    rand_1          randgen(N,0,1)
 3    x               index
 4    y_1             1+0.5*x+rand_1
```

手に入りました。

さて、いよいよ人工データを作成します。index 変数は、いわばデータの番号ですので、1から始まり5000で終わる系列になっています。そこで、これをそのまま説明変数 X として利用しましょう。マウスの右クリックで Define new variable を選択し、X＝index と書き込むと、1〜5000までの値が入った新しい変数 X が作成されます。

モデルで推定する方程式を先に決めておきましょう。ここでは答えを作っておいて、最小二乗法によってこの答えに到達できるかを実験するのです。推定する式は(3-15)式です。

$$Y\_1 = 1 + 0.5 \times X + \text{rand}\_1 \qquad (3\text{-}15)$$

(3-15)式は、$α$＝1、$β$＝0.5 を先に決め、説明変数 X（これは非確率変数です）と確率変数 rand_1 を組み合せて Y_1 という変数を作成することを表しています。ここで被説明変数である Y_1 は、確率変数 rand_1 が加えられていますので、これも確率変数になります。以上のデータを整理したものが図3-10です。

3.4.2 最小二乗法の適用

これまでの例と同様に、最小二乗法を実行してみましょう。Y_1 を X の上に回帰するのです。このとき、まったく同じ回帰式ですが、観測値の数をいろいろコントロールしてその結果を比較してみましょう。このデー

第Ⅰ部 入門編

図3-11 観測値数の違いと推定結果の比較

```
Model 1:
OLS, using observations 1-5000
Dependent variable: y_1

             coefficient   std. error   t-ratio      p-value
  const       1.00482       0.0280410    35.83       1.69e-250  ***
  x           0.500007      9.71223e-06  5.148e+04   0.0000     ***

Mean dependent var   1251.273    S.D. dependent var     721.7714
Sum squared resid    4910.916    S.E. of regression     0.991250
R-squared            0.999998    Adjusted R-squared     0.999998
F(1, 4998)           2.65e+09    P-value(F)             0.000000
Log-likelihood      -7049.749    Akaike criterion       14103.50
Schwarz criterion    14116.53    Hannan-Quinn           14108.07


Model 2:
OLS, using observations 1-1000
Dependent variable: y_1

             coefficient   std. error   t-ratio      p-value
  const       0.956642      0.0636724    15.02       3.78e-046  ***
  x           0.500078      0.000110201  4538        0.0000     ***

Mean dependent var   251.2455    S.D. dependent var     144.4357
Sum squared resid    1009.999    S.E. of regression     1.005994
R-squared            0.999952    Adjusted R-squared     0.999951
F(1, 998)            20592201    P-value(F)             0.000000
Log-likelihood      -1423.913    Akaike criterion       2851.827
Schwarz criterion    2861.642    Hannan-Quinn           2855.557


Model 3:
OLS, using observations 1-100
Dependent variable: y_1

             coefficient   std. error   t-ratio      p-value
  const       1.08154       0.205111     5.273       8.01e-07   ***
  x           0.494860      0.00352620   140.3       8.86e-115  ***

Mean dependent var   26.07199    S.D. dependent var     14.39231
Sum squared resid    101.5346    S.E. of regression     1.017874
R-squared            0.995049    Adjusted R-squared     0.994998
F(1, 98)             19694.83    P-value(F)             8.9e-115
Log-likelihood      -142.6553    Akaike criterion       289.3107
Schwarz criterion    294.5210    Hannan-Quinn           291.4194
```

タ・ファイルには5000個のデータがあるのですが、Sample ⇒ Set range とクリックすると使用するデータの数をコントロールすることができます。そこで、

　　　　　　Model 1：1～5000（データ数5000）
　　　　　　Model 2：1～1000（データ数1000）
　　　　　　Model 3：1～100　（データ数100）

という3つのモデルの推定を行います。その結果が図3-11です。

　まずはパラメータの推定値を見てみましょう。Model 1では1.005と0.500で、ほぼ設定どおりのパラメータが得られています。観測値数が少ないModel 2では定数項が0.956と1を下回っており、100個の観測値数のModel 3では1.0815、0.4949と少しバイアスがかかっています。

　一方、撹乱項の分散の推定値はどうでしょうか。S.E. of regressionの数値を見ると、Model 1では0.9912とほぼ1に近い値が得られていますが、Model 2では1.006、Model 3では1.018と、これも観測値数が少ないほど仮定した値である1から離れた値が得られています。

　これは1つの例ですが、図3-9-bの乱数の作成の際に標準偏差を1以外の値にセットして同様な実験を行ったらどうなるか、読者の皆さんにはぜひ試していただきたいと思います。

第3章のまとめ

○攪乱項 u は、被説明変数 Y に影響を与える要因のうち、説明変数 X では表されていない他の要因を体現していると解釈できます。

○攪乱項 u に正規分布を仮定すると、被説明変数 Y も確率変数になります。このことから、最小二乗法の統計的検定が可能になります。

○**古典的回帰モデル**の仮定とは、(1)説明変数 X は非確率変数、(2)攪乱項 u は正規分布に従う、(3)異なる2つの攪乱項 u_i と u_j の間には相関はない、などです。

○古典的回帰モデルを仮定すると、最小二乗法によって推定されたパラメータも正規分布に従う確率変数となります。そのときのパラメータの最小二乗推定量は**最良線形不偏推定量**（B.L.U.E.）になります。

○攪乱項 u の分散の推定量は、残差の情報をもとに算出されます。この値を用いてパラメータの分散の大きさが推定されます。

○以上の情報を利用して、パラメータの大きさがゼロと有意に異なるかどうかの **t 検定**を行うことができます。パラメータの推定量がゼロと有意に異なるかを調べる t 検定では、**p 値**に注目して結果を解釈します。

第3章で使用したgretlのデータ・ファイル

c33.gdt：3.3節で使用した肥満者の割合や県民所得などのデータです。
c34.gdt：3.4節で使用した人工的に作成したデータです。

第4章 gretlで最小二乗法〈II〉
標準的仮定の不成立とその他の課題

　ここまで、最小二乗法の基礎とgretlの操作について説明してきました。しかし、読者の皆さんが実際に行う分析では、古典的回帰モデルの仮定がそのまま通用することは期待できません。現実のデータには標準的な仮定が成立しない状況が多々あります。また、その他にも計量分析において知っておいていただきたい点があります。本章ではこうしたトピックを扱い、次章以降の実践編に移る準備をしたいと思います。

4.1　不均一分散

　古典的回帰モデルの仮定が成立しない第1の例として、不均一分散の問題を考えます。不均一分散のもっとも簡単な例は、説明変数が大きくなるにつれ、攪乱項の分散もまた大きくなる、というものです。人工的なデータの例などを示しながら、実際にgretlを動かして考えていきましょう。

4.1.1　不均一分散とは？
　第3章で示した古典的回帰モデルの［仮定2］は、時系列データであればすべての時点、クロスセクション・データであればすべての個人もしくは地域などの攪乱項のばらつき（分散）の大きさは一定であるというもの

でした。すなわち、
$$Var(u_i) = \sigma^2 \quad (\text{すべての } i \text{ について})$$
が成立するということです。次の(4-1)式は、この仮定が成立しないことを示しています。
$$Var(u_i) = \sigma_i^2 \tag{4-1}$$

　(4-1)式のように、個人や地域などによって攪乱項のばらつきが異なることを、**不均一分散**（Heteroscedasticity）と言います。一般にクロスセクションのデータでは不均一分散が生じやすいと言われています。では、不均一分散があるとどういうことが問題になるのでしょうか。

　パラメータ推定量 $\hat{\beta}$ の分散は、(3-7)式でみたように攪乱項の分散の大きさに依存して決まります。しかし、(3-7)式は不均一分散でないという条件の下で得られたものです。さらに、攪乱項の分散 σ^2 の推定値である s^2 を用いて t 検定などの統計的検定を行っています。したがって、不均一分散が生じていれば、こうした統計的検定の前提や手順が崩れ、結果として得られる t 値などは不正確なものとなってします。

　さらに、詳細は省きますが、最小二乗法の性質である B.L.U.E. という性質がもはや成立しなくなり、最小二乗法の利点が失われることになります。

　不均一分散が生じる理由はさまざまですが、その構造を理解するため、もっとも簡単な例をあげておきましょう。推定する式は(4-2)式です。
$$Y_i = \alpha + \beta X_i + u_i \tag{4-2}$$
ただし、攪乱項 u_i は説明変数の大きさに比例するものとします。例えば、ある確率変数 v_i に対して
$$u_i = v_i X_i \tag{4-3}$$
となるような関係が考えられます。このとき、$Var(u_i) = Var(v_i) X_i^2$ となります。

　図4-1は、v_i を $-1 \sim 1$ の間の値を取る一様分布に従う乱数として発生させ、これを用いて(4-2)式、(4-3)式をもとに作成した Y_i と X_i の散布図です。これを見ていただければ、説明変数 X_i が増えるにつれ攪乱項の分散が大きくなり、その結果、被説明変数である Y_i のばらつきも大き

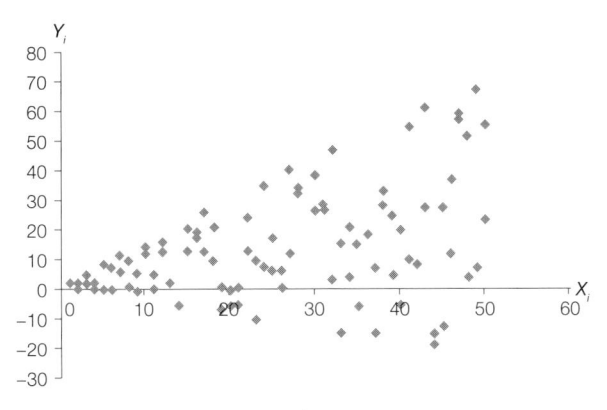

図 4-1 不均一分散の例

くなっていることがわかると思います。

4.1.2 gretl を用いた不均一分散の検定

不均一分散を示す事例として、gretl のサンプル・ファイルにある"engel"というデータを使用します。これはベルギーにおける1年間の世帯所得（income）と食費（foodexp）のデータです。このデータ・ファイルを用いて、不均一分散があるかどうかの検定方法を紹介します。なお、読者の皆さんは gretl で所得と食費の散布図を作成してみてください。図4-1と似たようなデータの分布が得られるはずです。

不均一分散が存在するかどうかについては、**ホワイトの検定**と**ブルーシュ＝ペーガンの検定**が代表的なものです。gretl ではこれらの検定を簡単に行えるコマンドが付いています。

ここではホワイトの検定について説明しましょう。その手順は以下のとおりです。

［1］最小二乗法を適用し、その残差を求め、さらに残差を2乗した値の系列を求めます。
［2］残差の2乗値を、定数項、説明変数、説明変数を2乗した値の系列の上に回帰し、その（修正済みではない）決定係数を求めます。

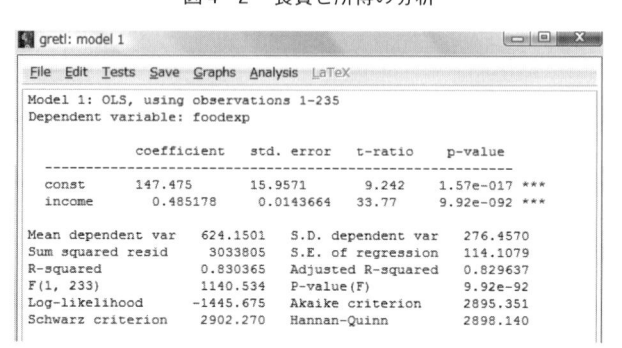

図4-2 食費と所得の分析

```
gretl: model 1
File  Edit  Tests  Save  Graphs  Analysis  LaTeX

Model 1: OLS, using observations 1-235
Dependent variable: foodexp

              coefficient   std. error   t-ratio    p-value
  const       147.475       15.9571       9.242     1.57e-017  ***
  income        0.485178     0.0143664   33.77      9.92e-092  ***

Mean dependent var     624.1501   S.D. dependent var     276.4570
Sum squared resid     3033805     S.E. of regression     114.1079
R-squared               0.830365  Adjusted R-squared       0.829637
F(1, 233)            1140.534     P-value(F)               9.92e-92
Log-likelihood      -1445.675     Akaike criterion      2895.351
Schwarz criterion    2902.270     Hannan-Quinn          2898.140
```

これを**補助回帰**と言います。

[3] その決定係数にサンプル数を乗じて nR^2 という統計量を計算します。

このとき、帰無仮説 H_0 は「不均一分散は生じていない」というものです。上で得られた検定統計量 nR^2 は自由度 $p-1$ （p は補助回帰式に含まれる説明変数の数で、定数項を含みます）のカイ二乗分布に従うことが知られています。有意水準を設定し、その棄却域に検定統計量が入れば、帰無仮説は棄却され、不均一分散であるということになります。直観的には検定統計量 nR^2 が小さければ均一分散、そうでなければ不均一分散ということになります。

gretl を用いてホワイトの検定を実行してみましょう。まず、サンプル・データから、食費を所得の上に回帰した結果が図4-2です。次に、最小二乗法の結果が表示されている画面のメニューバーにある Tests コマンドをクリックすると、プルダウンメニューが現れますので、Heteroscedasticity の項目から White's test をクリックすると（図4-3）、図4-4のようにホワイトの検定結果が得られます。

ホワイトの検定結果を見ると、検定統計量が181.11で、p 値から見ても帰無仮説が棄却されます。すなわち検定の結果は、この最小二乗法の推定

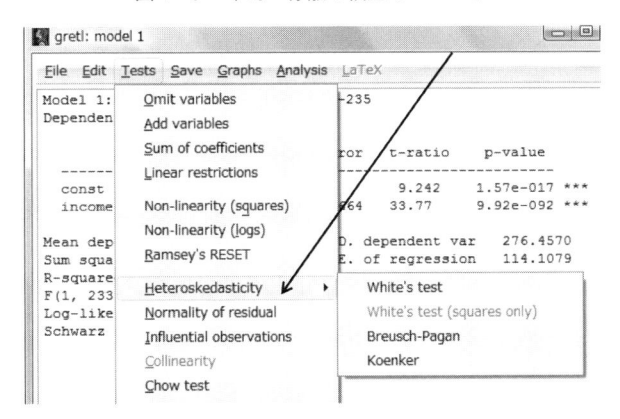

図4-3　不均一分散の検定のコマンド

図4-4　ホワイトの検定結果

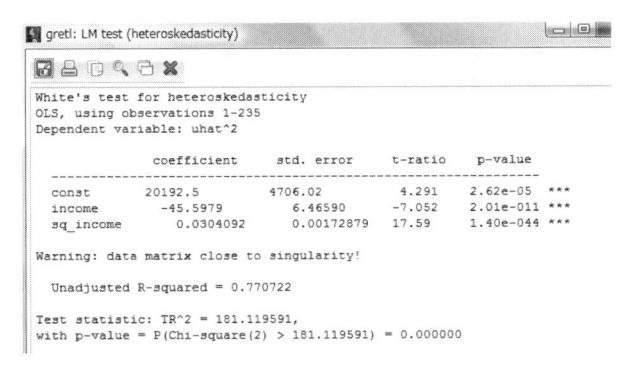

には不均一分散が生じている、ということを示しています。

ちなみに、ここでの補助回帰式は、図4-2の結果で得られた残差の2乗値を、定数項と所得、および所得の2乗（sq_income）の上に回帰したものです。

4.1.3　不均一分散への対応方法

不均一分散に対処する決定的な方法はありません。それは攪乱項の分散がどのような性質を持っているかを事前に把握できないからです。しかし

図4-5 加重最小二乗法の選択

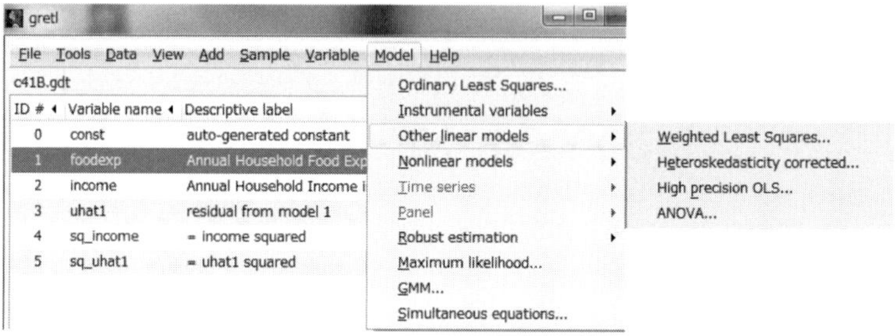

もっともよく使用されるのは、**加重最小二乗法**と呼ばれる推定方法です。

ここで推定する式は(4-2)式であり、その攪乱項 u_i の分散はある変数 Z_i に比例すると仮定し、ある比例定数 c を用いて

$$\sigma_i = cZ_i \tag{4-4}$$

で表されるとします。モデルの説明変数の1つが、この変数 Z_i の候補になる場合も多いようです。

さて、攪乱項を Z_i で除してその分散を求めると(4-5)式になり、その値は一定になることがわかります。

$$Var(u_i/Z_i) = \sigma_i^2/Z_i^2 = c^2 \tag{4-5}$$

そこで、このことを利用してモデルの各変数を Z_i で割って最小二乗法を適用することを考えます。具体的には、次の(4-6)式を最小二乗法で推定することになります。これが加重最小二乗法で、ウエイト（加重）となる変数が Z_i です。

$$\frac{Y_i}{Z_i} = \alpha \frac{1}{Z_i} + \beta \frac{X_i}{Z_i} + \frac{u_i}{Z_i} \tag{4-6}$$

gretl を利用して、上で例にあげた所得と食費の関係を加重最小二乗法で推定してみましょう。メニューバーにある Model ⇒ Other linear models ⇒ Weighted Least Squares と選択し（図4-5参照）、加重最小二乗法の変数指定のメニューが開いたら、weight variable の欄に income を指定し（これが上記の Z_i になります）、あとは最小二乗法の実行と同様に被説

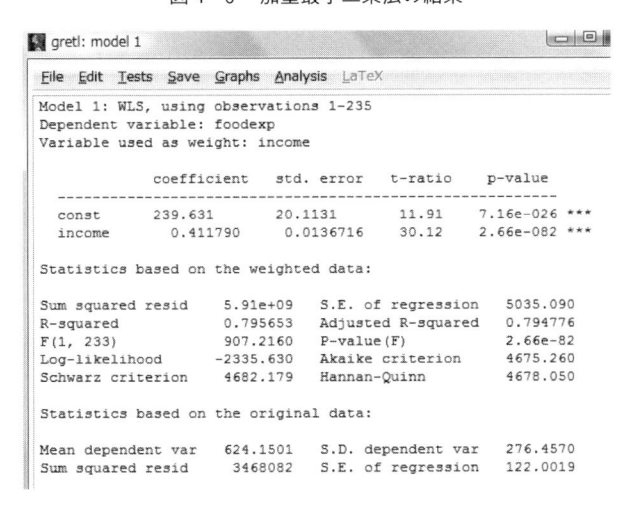

図4-6 加重最小二乗法の結果

```
gretl: model 1

File  Edit  Tests  Save  Graphs  Analysis  LaTeX

Model 1: WLS, using observations 1-235
Dependent variable: foodexp
Variable used as weight: income

              coefficient    std. error    t-ratio    p-value
  const         239.631       20.1131       11.91     7.16e-026 ***
  income          0.411790     0.0136716    30.12     2.66e-082 ***

Statistics based on the weighted data:

Sum squared resid    5.91e+09    S.E. of regression    5035.090
R-squared            0.795653    Adjusted R-squared    0.794776
F(1, 233)          907.2160      P-value(F)            2.66e-82
Log-likelihood    -2335.630      Akaike criterion      4675.260
Schwarz criterion  4682.179      Hannan-Quinn          4678.050

Statistics based on the original data:

Mean dependent var   624.1501    S.D. dependent var    276.4570
Sum squared resid    3468082     S.E. of regression    122.0019
```

明変数に foodexp、説明変数に income を入れれば終了です。推定された結果が図4-6です。

以上が加重最小二乗法を用いた不均一分散への対応方法ですが、これが常にうまくいくとは限りません。ウエイトとなる変数を何にするのかなどの課題もあります。より深く学びたい人は、進んだ計量経済学のテキストを参照してください。

4.2 系列相関

古典的回帰モデルの仮定が成立しない第2の例は、**系列相関**です。系列相関とは攪乱項が独立に分布するのではなく、過去の攪乱項と相関している状況を指します。系列相関は主として時系列データに伴う分析上の問題です。そのため、以下では時系列データを対象とし、変数の添え字についても t に変更することとします。

4.2.1 系列相関とは？

第3章で示した古典的回帰モデルの［仮定3］では、異なる2つの攪乱項の間には相関はないとしていました。しかし現実には、攪乱項相互に相関が存在する場合があります。(4-7)式はそのことを表しています。

$$Cov(u_i, u_j) \neq 0 \quad (すべての i \neq j について) \tag{4-7}$$

なぜ系列相関が生じるのでしょうか。1つは、ある期のショックが翌期以降も持続することが考えられます。ここで、推定する式を(4-8)式としましょう。

$$Y_t = \alpha + \beta X_t + u_t \tag{4-8}$$

いま、外部からのショックを攪乱項 u_t で表すことにしましょう。例えば Y が消費、X が所得であるとします。古くは石油ショック、最近ではリーマンショックなどの外部ショックは消費に影響を及ぼしますが、こうしたショックは一時点ではなく数時点に影響が残ります。これが系列相関として現れるのです。

2つ目は、推定すべき式が(4-9)式のように、1時点前の変数を説明変数として持っている場合です。

$$Y_t = \alpha + \beta X_t + \gamma Y_{t-1} + u_t \tag{4-9}$$

本来は(4-9)式であるところを(4-8)式で推定すると、(4-8)式の u_t に(4-9)式の Y_{t-1} の影響が含まれ、したがって u_{t-1} の影響が u_t に残るということになります。こうした定式化の誤りが系列相関をもたらすのです。

系列相関があるとどのような問題が生じるのでしょうか。第1に、系列相関があると攪乱項の分散の推定量である s^2 の値（(3-8)式参照）が過小に計算されることが知られています。そうなると、t 検定などの統計的検定の正確性が失われます。また s^2 の値自体が攪乱項の分散の不偏推定量にはなりません。さらに(3-11)式の t 分布の定義から推察されるように、もし s^2 の値が過小に計算されれば、t 値は過大に算出され、t 検定において本来は有意でなかった結果が有意であると、誤って捉えられる危険性があります。

第2に、系列相関が生じる理由にあるように、定式化に誤りがあり、推

図4-7 系列相関のイメージ

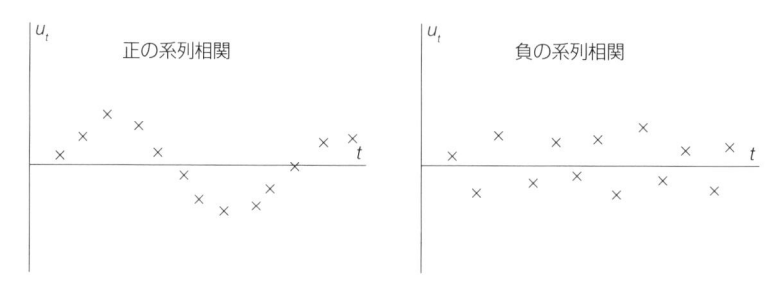

定式自体の選択を再検討すべきということになります。

系列相関は時系列データではよく見られる現象です。ここではその代表的なメカニズムである1階の自己回帰過程を見てみましょう。(4-8)式の攪乱項 u_t が**1階の自己回帰過程**に従うとき、(4-10)式が成立します。

$$u_t = \rho u_{t-1} + \varepsilon_t \quad \text{ただし、} |\rho| < 1 \quad (4\text{-}10)$$

この式は、今期の攪乱項 u_t が、前期の攪乱項 u_{t-1} と今期のある確率変数 ε（一般に正規分布に従うと考えます）によって決まるというものです。ρ は絶対値で1より小さいことが条件です。ρ が絶対値で小さければ、今期の攪乱項 u_t は前期の攪乱項 u_{t-1} の影響を受ける程度が小さくなり、系列相関の影響は小さいでしょう。ρ が -1 に近ければ攪乱項は $+$、$-$、$+$、$-$…の値を交互に取り（**負の系列相関**）、$+1$ に近ければプラスの値がしばらく続いたあと、マイナスの値が続くといった現象が生じます（**正の系列相関**）。これらをイメージしたものが図4-7です。攪乱項は実際には未知ですので、残差からの情報で系列相関の有無を検証することになります。

4.2.2 系列相関の検定

系列相関があるかどうかを判定する方法として、**ダービン＝ワトソン検定**があり、一般に **D.W. （ダービン＝ワトソン）統計量**として表記されます。これは(4-11)式で計算される値です。ここで e_t は最小二乗法でモデルを推定した残差、n はサンプル数です。

$$D.W. = \frac{\sum_2^n (e_t - e_{t-1})^2}{\sum_1^n e_t^2} \tag{4-11}$$

再度、(4-10)式を見てください。式の中の攪乱項 u_t の代わりに、残差 e_t を使用して(4-10)式を最小二乗法で推定したとしましょう。そのときの ρ の推定量を $\hat{\rho}$ とします。実は、$D.W.$統計量の値は(4-12)式のように表現することができるのです。

$$D.W. \cong 2(1-\hat{\rho}) \tag{4-12}$$

ρ は -1 から 1 の間の値を取りますので、$D.W.$統計量の値は 2 を中心に 0 から 4 の値を取ることになります。また、$\rho=0$ のとき系列相関はないことになりますので、したがって $D.W.$統計量の値が 2 に近ければ系列相関がなく、0 に近いほど正の系列相関が、また 4 に近いほど負の系列相関が疑われることになります。

留意しなければならない点は、$D.W.$統計量の値に従って系列相関があるとする帰無仮説を棄却する基準は、データ数やサンプル数に依存し、また判定不能な領域もあるということです。系列相関に関しては、1つの目安として、$D.W.$統計量が 2 に近いかどうか、という点に注目してください。

すでに紹介してきた gretl を使った分析例から、系列相関の有無を確認しておきましょう。製造業の生産指数とエネルギー消費指数の関係を分析した図2-6の例では、$D.W.$統計量は Durbin-Watson として示されていますが、その値は0.2178です。このことから、推定された式には正の系列相関があることが示唆されます。

4.2.3 コクラン＝オーカット法

系列相関が疑われる場合、しばしば**コクラン＝オーカット法**によって推定が行われます。そこで、コクラン＝オーカット法の考え方を紹介しましょう。まずは、(4-8)式を推定することとし、(4-10)式のような1階の自己回帰過程が成立しているとします。

コクラン＝オーカット法の手順を2段階で紹介します。

[第1段階]

最小二乗法で(4-8)式を推定し、その残差をもとに

$$e_t = \rho e_{t-1} + \varepsilon_t \tag{4-13}$$

を最小二乗法で推定してρの推定量$\hat{\rho}$を求めます。

[第2段階]

(4-8)式を1期過去に戻すと、(4-14)式が成り立ちます。

$$Y_{t-1} = \alpha + \beta X_{t-1} + u_{t-1} \tag{4-14}$$

(4-8)式から(4-14)式にρを乗じて引くと

$$Y_t - \rho Y_{t-1} = \alpha(1-\rho) + \beta(X_t - \rho X_{t-1}) + u_t - \rho u_{t-1} \tag{4-15}$$

となります。(4-15)式の右辺の最後の項は$\varepsilon_t = u_t - \rho u_{t-1}$であることに注意してください。ここで$Y_t^* = Y_t - \hat{\rho} Y_{t-1}$、$X_t^* = X_t - \hat{\rho} X_{t-1}$、$\alpha^* = \alpha(1-\hat{\rho})$とすれば、$\rho$を推定量$\hat{\rho}$に置き換えた式で構成された次の(4-16)式を最小二乗法で推定することで、系列相関のないモデルの推定が可能になります。

$$Y_t^* = \alpha^* + \beta X_t^* + \varepsilon_t \tag{4-16}$$

以上が、コクラン＝オーカット法の原理です。なお、(4-16)式を推定してその残差を求め、上記の第1段階、第2段階の手続きを繰り返し、ρの推定量$\hat{\rho}$の値がほぼ同じ結果になるまで（収束するまで）推定を続けることが一般的です。gretlではこの繰り返し行うコクラン＝オーカット法が用意されています。

4.2.4 gretlによる系列相関のあるモデルの推定

gretlを用いて、系列相関のあるモデルを推定してみましょう。ここでは絶対所得仮説をもとにした消費関数を取り上げます。データは国民経済計算年報にある、1980〜2009年度までの固定基準年（2000年）方式で計算された実質国内総生産（GDP）と、実質民間最終消費支出（CONS）を用います。両者とも対数に変換します（変数名はl_CONSとl_GDP）。

図4-8は、(4-17)式を最小二乗法で推定した結果です。

$$\ln(CONS)_t = \alpha + \beta \times \ln(GDP)_t + u_t \tag{4-17}$$

図4-8　消費関数の推定（最小二乗法）

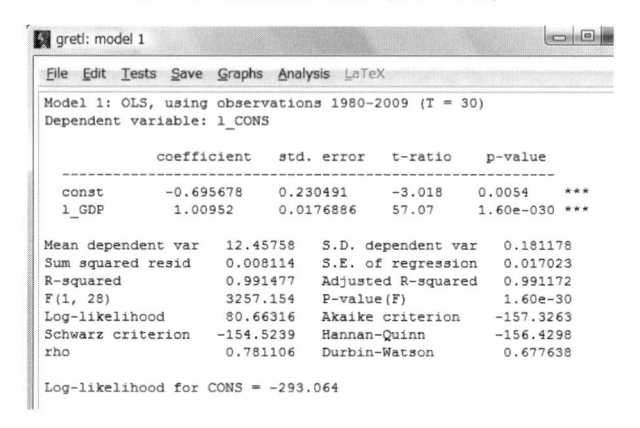

```
gretl: model 1
File  Edit  Tests  Save  Graphs  Analysis  LaTeX

Model 1: OLS, using observations 1980-2009 (T = 30)
Dependent variable: l_CONS

              coefficient   std. error   t-ratio    p-value
  const        -0.695678     0.230491     -3.018    0.0054    ***
  l_GDP         1.00952      0.0176886    57.07     1.60e-030 ***

Mean dependent var   12.45758   S.D. dependent var    0.181778
Sum squared resid     0.008114  S.E. of regression    0.017023
R-squared             0.991477  Adjusted R-squared    0.991172
F(1, 28)           3257.154     P-value(F)            1.60e-30
Log-likelihood       80.66316   Akaike criterion   -157.3263
Schwarz criterion  -154.5239    Hannan-Quinn       -156.4298
rho                   0.781106  Durbin-Watson         0.677638

Log-likelihood for CONS = -293.064
```

図4-9　消費関数の推定（コクラン＝オーカット法）

```
gretl: model 2
File  Edit  Tests  Save  Graphs  Analysis  LaTeX

Performing iterative calculation of rho...

           ITER       RHO          ESS
            1      0.78111     0.00512453
            2      0.89526     0.00412507
            3      0.92969     0.00342793
            4      0.94077     0.00322621
            5      0.94719     0.00312626
            6      0.95156     0.00306698
            7      0.95480     0.00302808
            8      0.95733     0.00300078
            9      0.95939     0.00298071
           10      0.96109     0.00296541
           11      0.96254     0.00295342
           12      0.96379     0.00294382
           13      0.96488     0.00293598
           14      0.96585     0.00293598

Model 2: Cochrane-Orcutt, using observations 1981-2009 (T = 29)
Dependent variable: l_CONS

              coefficient   std. error   t-ratio    p-value
  const         6.27347      1.46911      4.270     0.0002    ***
  l_GDP         0.501083     0.107929     4.643     7.96e-05  ***

Statistics based on the rho-differenced data:

Mean dependent var   12.47012   S.D. dependent var    0.170623
Sum squared resid     0.002929  S.E. of regression    0.010416
R-squared             0.996474  Adjusted R-squared    0.996343
F(1, 27)             21.55491   P-value(F)            0.000080
rho                   0.091751  Durbin-Watson         1.373109
```

　この結果を見ると、$D.W.$統計量は0.678ですから、正の系列相関が疑われます。また、GDPの係数の推定値が1を超えており、不自然な結果となっています。

系列相関が疑われるので、(4-17)式にコクラン＝オーカット法を適用します。データ・ファイルのメニューバーにある Model から Time series ⇒ Cochrane-Orcutt を選択してください。その後は最小二乗法を実行する手順と同様です。図4－9がその推定結果です。上述したように、ρ の推定量 $\hat{\rho}$ の値を求めるために14回の繰り返し計算を行って、$\hat{\rho}=0.966$ を得ています。また、最小二乗法ではマイナスであった定数項がプラスになり、限界消費性向にあたる β の推定値は0.501と、理論的にも整合的な結果となっています。

4.3　その他の課題

古典的回帰モデルの仮定から離れますが、計量経済分析を進める上では知っておくべきトピックスをまとめておきました。具体的には多重共線性、変数の過剰と過少、構造変化の問題を取り上げます。

4.3.1　多重共線性

多重共線性は重回帰モデルにおいて生じる問題で、実証分析ではしばしば遭遇するものです。そのメカニズムは単純ですが、多重共線性を回避する決定的な方法はないという、厄介な問題でもあります。

説明変数が2つ以上の重回帰モデルでは、それぞれの説明変数は独立で、両者は無相関であることが前提となっています。具体的に、説明変数が2つである(4-18)式で考えてみましょう。

$$Y_t = \alpha + \beta_1 X_{1,t} + \beta_2 X_{2,t} + u_t \tag{4-18}$$

本来は2つの説明変数 $X_{1,t}$ と $X_{2,t}$ は無相関であるのですが、例えば両者に(4-19)式のような完全な線形関係が成立しているとします。

$$X_{2,t} = \delta + \gamma X_{1,t} \tag{4-19}$$

もしこうした関係が成立しているなら、(4-18)式にある2つの説明変数は、一方が決まれば他方も決まりますので、$X_{1,t}$ か $X_{2,t}$ のいずれかは不要ということになります。言い換えるなら、同じ要因を2つの説明変数が体現し

ているということです。こうした状況では、2つの変数を識別して正確なパラメータを推定することができなくなります。

実際には、(4-19)式にみられるような完全な線形関係はないにしても、2つ以上の変数が高い相関を持っている場合には同様な問題が生じます。これを**多重共線性**と言います。多重共線性が生じると、① 推定されたパラメータの符号が理論と合わない、② それぞれの説明変数の t 値が小さい半面、決定係数が高い、③ 観測値数（データ数）が変動すると、推定されたパラメータの値が大きく変わる、④ 新しい説明変数を追加すると、追加前に推定されたパラメータの値や符号が大きく変わる、といった現象が生じます。そうなると、推定されたモデルそのものの信頼性が失われてしまいます。

多重共線性への対応は簡単ではありません。一般には、「説明変数どうしの相関関係を確認し、高い相関を持つ変数を外す」、という対処方法がとられることが多いようです。

先ほどの(4-17)式の消費関数の例から、多重共線性の問題を探ってみましょう。図4-8では対数に変換した民間最終消費支出（l_CONS）を、同じく対数に変換した国内総生産（l_GDP）の上に回帰しました。その結果、国内総生産の係数の推定値は1.01で、t 値は57.07、p 値はほぼゼロですから、1％有意水準で係数がゼロであるという帰無仮説は棄却されました。

ここに、対数に変換した国内総生産の2乗値（sq_l_GDP）、3乗値（tr_l_GDP）を作成し（gretl の Define new variable という機能を用いれば簡単に作成できます）、それを説明変数に加えて推定した結果が図4-10です。なお、ここでの推定式をわかりやすく表現すると、(4-20)式のようになります。

$$\ln(CONS)_t = \alpha + \beta_1 \times \ln(GDP)_t \\ + \beta_2 \times \{\ln(GDP)_t\}^2 + \beta_3 \times \{\ln(GDP)_t\}^3 + u_t \qquad (4\text{-}20)$$

推定結果を見ると、対数に変換した国内総生産の係数の推定値は125.66となり、p 値も0.718と大きく有意ではありません。これは3つに増えた

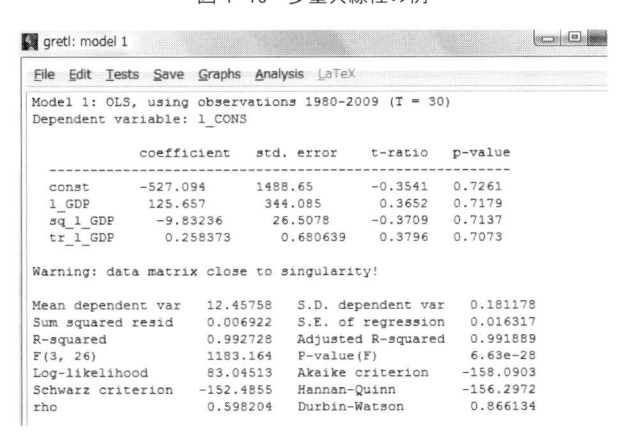

図4-10 多重共線性の例

```
gretl: model 1
File  Edit  Tests  Save  Graphs  Analysis  LaTeX
Model 1: OLS, using observations 1980-2009 (T = 30)
Dependent variable: l_CONS

              coefficient   std. error    t-ratio    p-value
  const       -527.094      1488.65       -0.3541    0.7261
  l_GDP        125.657       344.085       0.3652    0.7179
  sq_l_GDP      -9.83236      26.5078     -0.3709    0.7137
  tr_l_GDP       0.258373     0.680639     0.3796    0.7073

Warning: data matrix close to singularity!

Mean dependent var    12.45758   S.D. dependent var    0.181178
Sum squared resid      0.006922  S.E. of regression    0.016317
R-squared              0.992728  Adjusted R-squared    0.991889
F(3, 26)            1183.164     P-value(F)            6.63e-28
Log-likelihood        83.04513   Akaike criterion   -158.0903
Schwarz criterion   -152.4855    Hannan-Quinn       -156.2972
rho                    0.598204  Durbin-Watson         0.866134
```

説明変数相互の相関関係が非常に高く、その結果、多重共線性の問題が生じているためです。このような場合は、推定式から国内総生産の2乗値、3乗値を外すということが対処方法となります。

4.3.2 変数の過剰と過少

　モデルを推定する場合、説明変数をどれだけ揃えればいいのか、という問題に直面することが多々あります。ケースによっては単回帰で問題のないこともあれば、理論に従って、いくつかの要因を説明変数として加えなければならないこともあるでしょう。以下では、変数の過剰と過少の問題を考えてみます。

　そもそも私たちが検証しようとしている仮説や理論をいかに定式化するかが、事前に明確にわかっている場合はそう多くはありません。消費関数の推定においても、説明変数には所得や資産だけではなく、金利や人口構造、あるいは過去の消費の動向など、無限にも近い説明要因があります。こうした変数をすべて取り入れることは不可能ですが、しかしながら少ない変数、極端に言えば所得だけを説明変数とした単回帰でよいかというと、それもまた重要な要因を見逃してしまうことになりかねません。こうした

問題を、**変数の過剰と過少の問題**と言います。

一般に不必要な変数を取り込むことによって、推定された係数の分散が大きくなることが指摘されています。したがって、変数を過剰に取り入れた推定では t 値が真の値よりも小さくなり、統計的検定が不正確になってしまいます。では、その変数が過剰であるかどうかを判定するにはどうすればいいのでしょうか。上述したように変数が過剰な状態では t 値は小さくなりますが、それでも有意ではない変数を外していくという手段を取らざるをえません。

一方、変数が過少な場合の影響はより深刻です。そのモデルに組み込まれるべき重要な要因が省かれているといった変数が過少なケースでは、その推定されたパラメータは不偏推定量とならないことが知られています。したがって、もはや推定されたパラメータは B.L.U.E. と呼ばれる好ましい性質を持たず、変数が過剰な場合よりも深刻です。しかし、どれだけの変数を加えれば変数が過少でなくなるかは一概に決定できませんので、あとは分析者の判断によることになります。

4.3.3　構造変化の検定

時系列データを対象として何らかのモデルを推定する場合、推定する期間を通じてモデルの構造は一定であると仮定されます。言い換えれば、推定する方程式のパラメータは推定期間を通じて不変であるということです。しかし、現実の経済を観察すると、さまざまな事象を受けて、経済の構造が変化することがしばしば観察されています。戦後のわが国では石油ショック（1974年）、バブル経済の崩壊（1992年）などによって、経済の構造変化が生じたというのが一般的な見方です。

モデルを推定する際には、こうした**構造変化**を念頭に置く必要があります。図4-11は、国民医療費と国民所得の関係を示したものです。1980年代までは両者はほぼ比例して推移していたのですが、1990年代初頭以降、その関係は大きく変化しています。すなわち、両者の関係に構造変化が生じた可能性が疑われるのです。

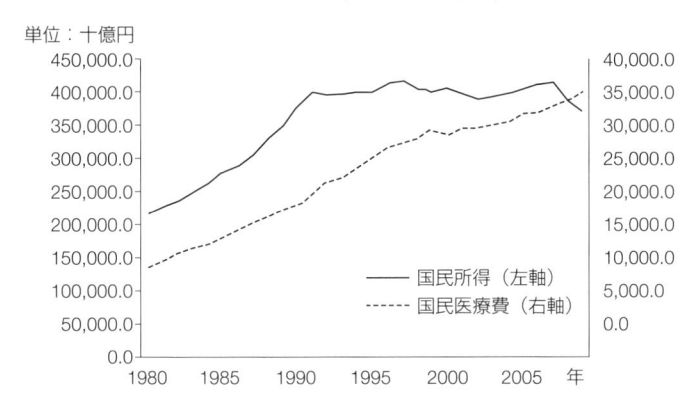

図4-11 国民医療費と国民所得の推移

　構造変化が生じたかどうかを調べるには、**チョウ検定**という方法が用いられます。(4-18)式を例に説明しましょう。構造変化がないとするならば、これは(4-18)式のβ_1、β_2は推定する期間を通じて変化しません。これが帰無仮説になります。検定統計量はF検定の応用です。手順は以下のとおりです。

[１] すべての期間を対象として最小二乗法を実行し、その残差平方和SSR_0を求めます。

[２] 構造変化が生じたと考えられる時期で２つの期間に区分し、その前半と後半それぞれの期間を対象として最小二乗法を適用し、それぞれの残差平方和を算出してそれを合計した値SSR_1を求めます。

[３] (4-21)式のF統計量を計算します。ただし、nはサンプル数、kは定数項を含めた説明変数の数です。このとき、このF統計量は自由度$(k, n-2k)$のF分布に従います。

$$F = \frac{(SSR_0 - SSR_1)/k}{SSR_1/(n-2k)} \quad (4\text{-}21)$$

　このF統計量が、自由度$(k, n-2k)$のF分布の有意水準１％もしくは５％の棄却域を示す値よりも大きければ、帰無仮説を棄却しま

図4-12　国民医療費の分析とチョウ検定

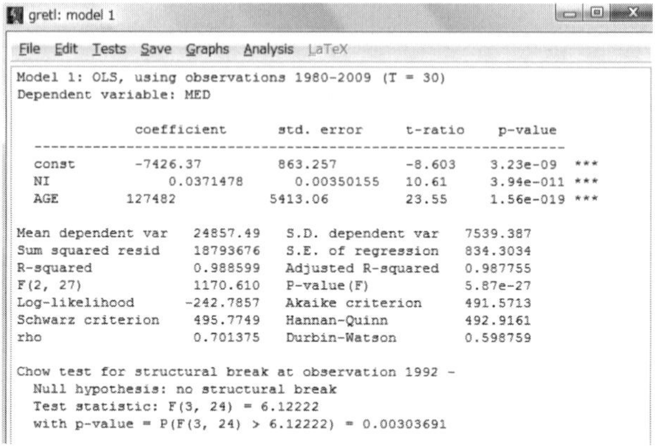

```
gretl: model 1
File  Edit  Tests  Save  Graphs  Analysis  LaTeX

Model 1: OLS, using observations 1980-2009 (T = 30)
Dependent variable: MED

              coefficient    std. error   t-ratio   p-value
  const       -7426.37       863.257      -8.603    3.23e-09  ***
  NI             0.0371478     0.00350155 10.61     3.94e-011 ***
  AGE        127482          5413.06     23.55      1.56e-019 ***

Mean dependent var    24857.49   S.D. dependent var   7539.387
Sum squared resid     18793676   S.E. of regression   834.3034
R-squared                 0.988599   Adjusted R-squared   0.987755
F(2, 27)               1170.610   P-value(F)           5.87e-27
Log-likelihood         -242.7857  Akaike criterion     491.5713
Schwarz criterion       495.7749  Hannan-Quinn         492.9161
rho                      0.701375  Durbin-Watson        0.598759

Chow test for structural break at observation 1992 -
  Null hypothesis: no structural break
  Test statistic: F(3, 24) = 6.12222
  with p-value = P(F(3, 24) > 6.12222) = 0.00303691
```

す。すなわち、大きな F の値が得られれば構造変化が生じたと考えるのです。

　gretl で構造変化の検定を行ってみましょう。データは上で示した国民医療費（厚生労働省、「国民医療費」）、国民所得（内閣府、「国民経済計算」）、それに65歳以上人口比率（「国勢調査」、「推計人口」）を用います。それぞれ MED、NI、AGE という変数で表し、国民医療費を国民所得と65歳以上人口比率の上に回帰します。推定期間は1980〜2009年で、1992年に構造変化が生じたと仮定しましょう。

　gretl で通常の最小二乗法を適用します。その後、最小二乗法の推定結果の上にあるメニューバーから Tests ⇒ Chow test とクリックしていきます。Chow test をクリックすると、構造変化の生じた時期を聞いてきますので、1992年を指定するとチョウ検定が実行されます。図4-12は、最小二乗法の結果とチョウ検定の結果をまとめたものです。これによると F 統計量は6.122で、帰無仮説を受容する p 値は0.003ですから、構造変化がないとする帰無仮説は棄却されています（すなわち、構造変化が生じているということです）。

第4章のまとめ

○説明変数が大きくなるにつれ、攪乱項の分散も大きくなるといった現象を**不均一分散**と言います。不均一分散が生じると、t検定の結果などが不正確になります。

○不均一分散が生じているかどうかについては、**ホワイトの検定**などで確認できます。不均一分散が生じている場合には、**加重最小二乗法**などによって推定を行います。

○攪乱項が独立に分布せず、過去の攪乱項と相関している状況を**系列相関**と言います。系列相関は、時系列データを扱う場合にしばしば見られます。系列相関があると、不均一分散と同様にt検定の結果などが不正確になります。

○系列相関があるかどうかを判定する方法として、**ダービン＝ワトソン検定**があります。系列相関が疑われる場合、単純な最小二乗法ではなく**コクラン＝オーカット法**などを用いてパラメータの推定を行います。

○説明変数間に高い相関がある場合、**多重共線性**が生じます。多重共線性があると、推定されたパラメータの符号が理論と合わないなどの問題が生じます。

○時系列データでは**構造変化**の問題も深刻です。構造変化が生じたかどうかを調べるには、**チョウ検定**を用います。

第4章で使用したgretlのデータ・ファイル

c41.gdt ：4.1節の散布図を作成したY_iとX_iのデータです。

c41B.gdt ：4.1節で利用した、サンプル・ファイル"engel"に変数変換で作成したデータを加えたファイルです。

c42.gdt ：4.2節および4.3節で利用した国内総生産と民間最終消費支出などが含まれるファイルです。

c43.gdt ：4.3節で利用した国民医療費や国民所得のデータです。

II

応用編

第5章 gretl でプロビット分析

　現実の事象を分析する場合、分析に必要な数値データがいつも手に入るわけではありません。入学試験を例にとれば、受験した試験の点数が公表されることはほとんどなく、ただ合格したか、それとも不合格だったかという結果だけが観測されます。あるいは、労働供給において、どのような属性を持つ人が働くのかを分析する場合、実際に働いているか、それとも働いていないかという観察結果で判断しなければなりません。この章では、こうしたケースを想定したモデルを取り扱います。

5.1　二値選択モデルとその推定

　この章で扱うモデルは、合格したか否か、働いているか否か、あるいは住宅を所有しているか否か、といった2つの選択結果を分析するためのモデルです。まずは、その基本的な概念と単純な最小二乗法を適用できない理由、それに代わる分析方法の初歩について説明します。少し理論的な説明が続きますが、辛抱してお読みください。

5.1.1　二値選択モデル

　ここまで従属変数（被説明変数）は、出生率や経済成長率など連続的な

値を取るデータであることを想定していました。一方、実際の分析では、ある事象が生じるか、そうでないかという2つの選択問題を取り扱うことがあります。学習時間と試験の成績を考えましょう。ある試験があり、学生はそのための勉強をしています。ただし、その試験は合格か、あるいは不合格かのいずれかの結果しか公表されないものとします。その試験を受けた学生の学習時間と合否の関係を知りたいとすると、どのように分析すればよいでしょうか。

まずは、従属変数をダミー変数で表すことを考えましょう。上の例で、合格した場合を1、不合格の場合を0としましょう。このダミー変数で表された従属変数を Y_i として、説明変数(学習時間)を X_i とすると、(5-1)式のようなモデルを考えることができます。

$$Y_i = \alpha + \beta X_i + u_i \tag{5-1}$$

これは、今まで扱ってきた回帰分析のモデルと表面上はまったく同じですが、従属変数が0もしくは1しか取らないという意味で、**二値選択モデル**と呼ばれます。

以下の説明のために、独立変数(説明変数) X が X_i という特定の値を取るとき、$Y_i=1$ となる確率を P_i、同じことですが $Y_i=0$ となる確率を $1-P_i$ としましょう。

5.1.2 最小二乗法の適用

ここで分析したいことは、X が X_i という特定の値を取るとき、すなわち上の例で言えば、ある特定の時間 (X_i) だけ学習した場合、試験に合格する確率はどうなるか、を求めることです。

(5-1)式を前提に、X が X_i という特定の値を取った場合の期待値を算出してみましょう。攪乱項の期待値はゼロ、すなわち $E(u_i)=0$ ということを仮定すれば

$$E(Y_i|X_i) = \alpha + \beta X_i \tag{5-2}$$

となります。一方、X が X_i という値を取った場合に、合格する確率 ($Y_i=1$ となる確率) を P_i としましたので、(5-2)式は次のように書き換

えられるはずです。
$$E(Y_i|X_i)=1\times P_i+0\times(1-P_i)=P_i \qquad (5\text{-}3)$$
となります。したがって、
$$E(Y_i|X_i)=\alpha+\beta X_i=P_i \qquad (5\text{-}4)$$
が成立します。

(5-1)式を通常の最小二乗法で推定したとしましょう。そのとき、X_i が取ることのできる可能な値に対して、$0<P_i<1$ が成立する保証はありません。「学習時間を長くすれば、試験に合格する確率が1を超える」ということはあり得ないわけです。言い換えれば、推計された式から予測される試験の合格確率は、0以上1以下でなければならないのです。そうなると、(5-1)式を最小二乗法で推定するわけにはいきません。

最小二乗法で推定を行う場合、他にも問題があります。撹乱項の期待値と分散を考えてみましょう。$Y_i=1$ の場合、(5-1)式が成立していますので、$u_i=1-\alpha-\beta X_i=1-P_i$ となります。そして、$Y_i=1$ が成立する確率は P_i です。一方、$Y_i=0$ のときは、$u_i=-\alpha-\beta X_i=-P_i$ です。そして $Y_i=0$ の確率は $1-P_i$ となります。したがって、
$$E(u_i)=P_i\times(1-P_i)+(1-P_i)\times(-P_i)=0 \qquad (5\text{-}5)$$
となり、撹乱項の期待値は0です（ある値が生じる確率とその値の積の総和が期待値になることを思い出してください）。しかし、その分散を計算すると次のようになります。
$$Var(u_i)=E(u_i^2)-E(u_i)^2=E(u_i^2)$$
$$=P_i\times(1-P_i)^2+(1-P_i)\times(-P_i)^2=P_i-P_i^2 \qquad (5\text{-}6)$$
(5-6)式から撹乱項の分散は、確率 P_i の値の大きさによって異なることがわかります。すなわち、不均一分散が生じていることになります。

このように、推定結果によって $0<P_i<1$ が保証されないこと、また不均一分散が生じていることから、最小二乗法では適切な推定を行うことができないのです。

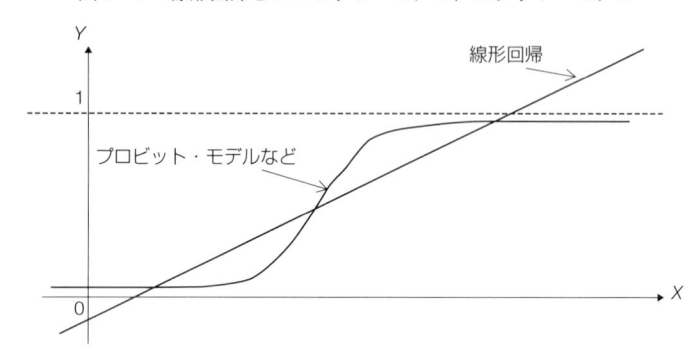

図 5-1　線形回帰とプロビット・モデル、ロジット・モデル

5.1.3　非線形回帰と潜在変数

　それでは、どのように(5-1)式を推定すればよいでしょうか。図 5-1 を見てください。縦軸に従属変数 Y を、横軸に独立変数 X が描かれ、従属変数 $Y=1$ の水準を破線で示しています。この図から、最小二乗法を直接適用する場合（図では「線形回帰」と記した直線で示しています）、X の大きな値に関しては Y が 1 を超え、また小さな値では 0 を下回る可能性のあることがわかります。従属変数の生じる確率が 0 と 1 の間に収まるようにするには、図にあるように、X がいくら小さくても 0 を下回らず、またいくら大きくても 1 を超えないような曲線を推定する必要があります。その意味では、以下の推計は線形ではなく、**非線形回帰**ということになります。

　さて、図にあるような曲線をどのように推定すればいいでしょうか。その代表的なモデルに、プロビット・モデルとロジット・モデルがあります。これについては次項で説明します。その前に潜在変数という考え方を導入します。

　最初に次のような関係式を想定します。

$$Y_i^* = \alpha + \beta X_i + u_i \tag{5-7}$$

(5-1)式は学習時間と試験の合否の関係を示していました。学習を長くするほど知識が得られ、試験に合格する能力も高くなるでしょう。そこで、

(5-7)式のように学習時間（X）に関係して増加する能力を Y_i^* で表してみます。実際の試験では、合格か不合格かのいずれか（すなわち $Y=1$ もしくは $Y=0$）しか観測されません。そこで、$Y_i^*>0$ のときは $Y=1$（すなわち合格）、$Y_i^*\leq 0$ ときは $Y=0$（すなわち不合格）を表すと考えます。この Y_i^* を**潜在変数**と言います。そしてこの Y_i^* の値に対して、何らかの確率を割り当てることを考えます。

さて、確率分布における累積密度関数を考えると、その積分値は0以上1以下となります。上で考えた潜在変数の大きさを、何らかの確率分布の累積密度関数に翻訳できたとしたらどうでしょうか。その場合は、試験に合格する確率を0～1の間の値として表現することができます。学習時間に対応した能力（潜在変数）を、合格の確率の0から1の間の値に変換するということです。

$Y_i^*>0$ ということは $\alpha+\beta X_i+u_i>0$ ということですから、$u_i>-\alpha-\beta X_i$ ということになります。そこで、攪乱項の u_i に何らかの分布を仮定し、その分散を1とします。合格する確率 P_i を翻訳しましょう。

$$P_i=P(Y_i=1)=P(Y_i^*>0)=P(u_i>-\alpha-\beta X_i)$$
$$=1-F(-\alpha-\beta X_i) \tag{5-8}$$

と書けます。ここで $F(\cdot)$ は攪乱項 u_i の累積密度関数です。仮定する確率分布が左右対称だとすれば、

$$P_i=P(Y_i=1)=F(\alpha+\beta X_i) \tag{5-9}$$

となるので、これで潜在変数の値を $Y_i=1$ の確率として翻訳することができました（$Y_i^*\leq 0$ についても同様な議論ができますが、省略します）。

5.1.4 プロビット・モデルとロジット・モデル

では、攪乱項 u_i にどのような確率分布を仮定するのがいいでしょうか。最初に思い付くのは標準正規分布ではないでしょうか（図5-2参照）。標準正規分布を仮定するモデルを、**プロビット・モデル**と言います。すると、図5-1にある曲線は標準正規分布の累積密度関数として解釈できます。もう1つの代表的なモデルは**ロジット・モデル**です。これは攪乱項 u_i に

図 5-2　標準正規分布

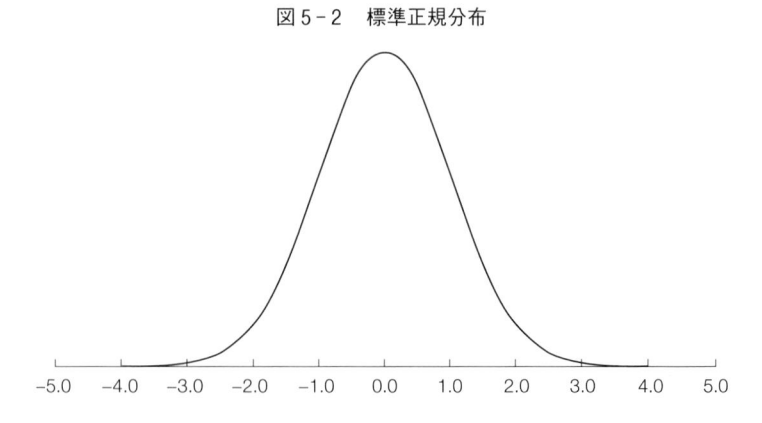

[グラフ: 標準正規分布曲線、横軸 −5.0 から 5.0]

ロジスティック分布を想定するものです。

　［1］プロビット・モデル ⇒ 標準正規分布
$$P_i = P(Y_i = 1) = F(\alpha + \beta X_i) = \int_{-\infty}^{\alpha + \beta X_i} \frac{1}{\sqrt{2\pi}} e^{-z^2/2} dz$$

　［2］ロジット・モデル ⇒ ロジスティック分布
$$P_i = P(Y_i = 1) = F(\alpha + \beta X_i) = \frac{e^{\alpha + \beta X_i}}{1 + e^{\alpha + \beta X_i}}$$

以下では、プロビット・モデルを中心に解説しますが、gretl ではロジット・モデルも同様に推定ができます。

実際にプロビット・モデルを推定する場合は、最小二乗法ではなく最尤法を用います。本書では最尤法の説明は行っていませんので、関心のある方は計量経済学のテキストを参考にしてください。最尤法をご存じの読者は、攪乱項に標準正規分布を仮定するということから想像できるかと思います。

プロビット・モデルで(5-7)式を推定しても、その係数はあまり意味がありません。これまでの議論からわかるように、推定された係数は説明変数 X_i が確率 P_i に与える影響の度合いの大きさを示しているものではありません。そこで、(5-10)式で定義する**限界効果**を計算して、説明変数 X_i が確率 P_i に与える影響の度合いの大きさを求めます。なお、推定された

図 5-3　学習時間と試験の成績

学生No.	1	2	3	4	5	6	7	8	9	10	11	12	13	14	15
学習時間	4	1	12	0	5	9	4	15	8	3	9	10	3	2	9
合否	0	0	1	0	0	0	0	1	0	1	1	0	0	0	1

学生No.	16	17	18	19	20	21	22	23	24	25	26	27	28	29	30
学習時間	18	8	7	6	7	3	3	11	19	9	5	1	16	0	5
合否	1	0	0	0	1	0	0	1	1	0	1	0	1	0	0

注）1は合格、0は不合格

係数の符号と限界効果の符号は同じですので、実証分析において係数と符号の結果だけを掲載している研究もありますが、できれば限界効果を計算したいものです。

$$\frac{dP(Y_i=1)}{dX_i} = \frac{d(1-F(-\alpha-\beta X_i))}{dX_i} = \beta f(-\alpha-\beta X_i) \quad (5\text{-}10)$$

ここで F は累積密度関数、f は確率密度関数です。限界効果は(5-10)式からわかるように、説明変数 X_i の水準に依存します。一般的には限界効果は説明変数 X_i の平均値で評価します。このあたりの具体的な考え方は次節で説明しましょう。

5.2　gretlでプロビット分析

いよいよgretlでプロビット・モデルを計算してみましょう。これまでの説明は少し難しかったかもしれませんが、プロビット・モデル、ロジット・モデルとも、gretlでは簡単に推定を行うことができます。最初に、仮想的な例で前節のプロビット・モデルの考え方を具体的に説明し、次いでgretlにあるサンプル・データを用いて、説明変数が複数の場合のプロビット・モデルの推定を行います。

5.2.1　データ・ファイルの準備

前節で示した学習時間と試験の成績の例を使って説明します。図 5-3 は、履修生が30人のある科目に関する学習時間と合否を示したものです。この例はまったくの仮想例ですが、これをもとにプロビット・モデルを推

図 5-4　CSV ファイル

	A	B	C
1		test	study
2	1	0	4
3	2	0	1
4	3	1	12
5	4	0	0
6	5	0	5
7	6	0	9
8	7	0	4
9	8	1	15
10	9	0	8
11	10	1	3
12	11	1	9
13	12	0	10
14	13	0	3
15	14	0	2
16	15	1	9
17	16	1	18
18	17	0	8
19	18	0	7
20	19	0	6
21	20	1	7
22	21	0	3
23	22	0	3
24	23	0	11
25	24	1	19
26	25	0	9
27	26	1	5
28	27	0	1
29	28	1	16
30	29	0	0
31	30	0	5
32			

定してみましょう。

　まずはこの表を CSV ファイルに移しましょう。実際には図 5-4 にあるような CSV ファイルを作成します。ここで test が試験の成績、study が学習時間です。次に、gretl にこの CSV ファイルを読み込ませます。ファイルの読み込みは前章までと基本的に同じです。最初に gretl を開き、そのメニューバーにある File をクリックし、Open data ⇒ Import ⇒ text/CSV と進めて、上記の CSV ファイルを指定し Open をクリックします。すると、図 5-5-a にあるように、「このデータはクロスセクション・データとして認識します。時系列、もしくはパネル・データとして設定しますか？」という質問が表示されますので、NO と回答してください。すると、図 5-5-b にあるような gretl のデータ・ファイルが作成されます。

第 5 章　gretl でプロビット分析

図 5-5　gretl のデータとインポート

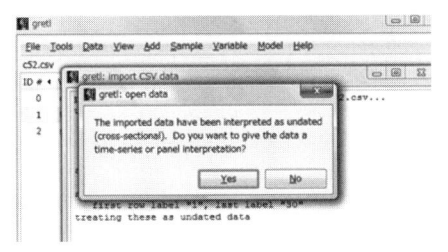

図 5-5-a

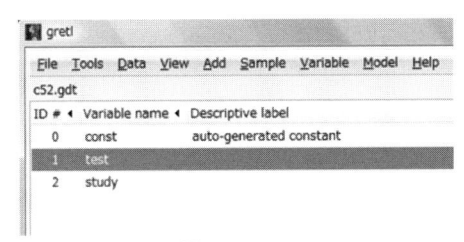

図 5-5-b

図 5-6　プロビット・モデルの選択

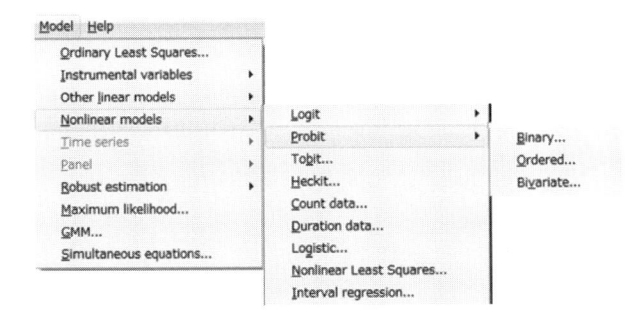

5.2.2　プロビット・モデルの具体例

　gretl のデータ・ファイルが用意できたところで、メニューバーから Model ⇒ Nonlinear models ⇒ Probit ⇒ Binary と選択してください。最後の Binary は二値選択モデルであることを意味しています（図 5-6 参照）。そして、図 5-7 にあるように、従属変数（Dependent variable）に test、

第Ⅱ部 応用編

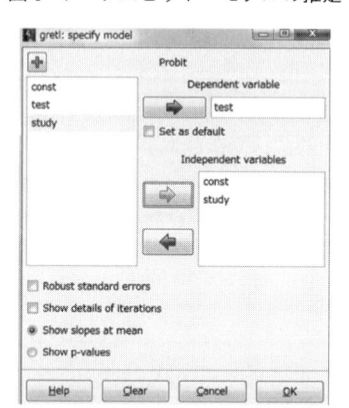

図5-7 プロビット・モデルの推定

図5-8 プロビット・モデルの推定結果

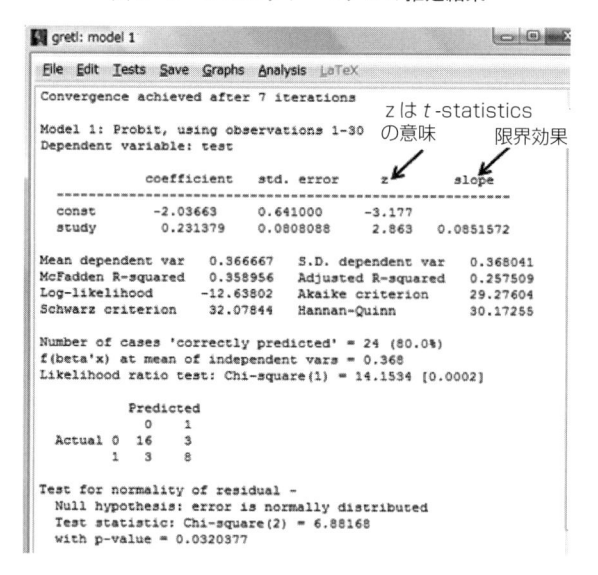

説明変数（Independent variables）に study を選択して、下部にある OK をクリックしてください。これでプロビット・モデルの推定は終了です。

推定結果が図5-8にあります。これを見ると、study の係数は0.2314

とプラスの値になっています。したがって、学習時間を増やすほど試験に合格する確率は高まるということです。また slope と書かれた値は限界効果です。このデータの学習時間の平均値はおよそ7.1時間です。学習時間を1時間増やすと限界的に8.5%ほど試験に合格する確率が高くなることを示しています。

ちなみに、図5-6とまったく同じ手順でロジット・モデルによる推定も行えます。ここでは省略しますので、挑戦してみてください。

5.2.3　限界効果の計算

ここでは限界効果について、さらに考えてみましょう。

図5-9は、限界効果の計算と gretl の結果（図5-8）にある予測結果を説明するための表です。第2列と第3列は分析のデータで、図5-4と同じものです。第4列の値は、プロビット・モデルの推定結果の定数項と係数から得た潜在変数 Y^* です。第5列が、正規分布の累積密度関数に第4列の値を変換して得られた確率に相当します。

限界効果を求めるのに微分を使わず、少し原始的な方法で求めてみましょう。第3列にある学習時間の平均値7.0667時間に相当する累積密度関数の値は、0.34401です。ここで学習時間を0.001時間だけ増加させたとき（学習時間は7.0677時間になります）の累積密度関数の値は0.34409です。累積密度関数の値の差をとって1000倍した値は0.08516となり、これが限界効果（slope）の値となります。

表の第7列の predict は、第5列の累積密度関数の値が0.5を超えているときは合格（表では○）、0.5以下の場合は不合格（×）となることを予想した結果です。第6列の actual は第1列の合否の結果と同じものです。実際が合格で予測結果が合格である者は8人、実際が不合格で予測結果も不合格である者が16人でした。したがって図5-8の下部にあるように、正確に予測できたのは30人中24人で、成功率は80%となります。

図 5-9　限界効果と予測結果の説明

	test	study	$-\alpha-\beta X$	$1-F(-\alpha-\beta X)$	actual	predict	予測の結果
1	0	4	-1.111	0.133	0	0	○
2	0	1	-1.805	0.036	0	0	○
3	1	12	0.740	0.770	1	1	○
4	0	0	-2.037	0.021	0	0	○
5	0	5	-0.880	0.190	0	0	○
6	0	9	0.046	0.518	0	1	×
7	0	4	-1.111	0.133	0	0	○
8	1	15	1.434	0.924	1	1	○
9	0	8	-0.186	0.426	0	0	○
10	1	3	-1.342	0.090	1	0	×
11	1	9	0.046	0.518	1	1	○
12	0	10	0.277	0.569	0	1	×
13	0	3	-1.342	0.090	0	0	○
14	0	2	-1.574	0.058	0	0	○
15	1	9	0.046	0.518	1	1	○
16	1	18	2.128	0.983	1	1	○
17	0	8	-0.186	0.426	0	0	○
18	0	7	-0.417	0.338	0	0	○
19	0	6	-0.648	0.258	0	0	○
20	1	7	-0.417	0.338	1	0	×
21	0	3	-1.342	0.090	0	0	○
22	0	3	-1.342	0.090	0	0	○
23	1	11	0.509	0.694	1	1	○
24	1	19	2.359	0.991	1	1	○
25	0	9	0.046	0.518	0	1	×
26	1	5	-0.880	0.190	1	0	×
27	0	1	-1.805	0.036	0	0	○
28	1	16	1.665	0.952	1	1	○
29	0	0	-2.037	0.021	0	0	○
30	0	5	-0.880	0.190	0	0	○
平均		7.0667	-0.4015	0.34401			
		7.0677	-0.4013	0.34409			

限界的に0.001増加：slope（限界効果）＝ 0.08516

5.2.4　プロビット・モデルの推定例——説明変数が複数の場合

　gretl のサンプル・データ・ファイルから、説明変数が複数の場合の例をみておきましょう。変数が複数になっても、これまでの説明が変わるわけではありません。

　gretl では分析用のサンプル・データ・ファイルが多数付属されています。標準的には gretl のオリジナルのサンプル・データ・ファイルの他、Greene（2000）*Econometric Analysis* や Ramanathan（2002）*Introductory Econometrics with Applications* といった欧米でよく使用されている計量経済学のテキストで紹介されている事例データがあります（この他、多くの計量経済学のテキストのサンプル・データ・ファイルも提供されています。これらのファイルをインストールするには File ⇒ Open data ⇒ Sample file とクリックしてサンプル・ファイルのページを呼び出し、メニューバーの右から 2 番目のアイコン（Look on server）をクリックすると、gretl のデータベースにアクセスできます。また、gretl の HP からもサンプル・ファイルをダウンロードできます）。

図5-10 サンプル・ファイル

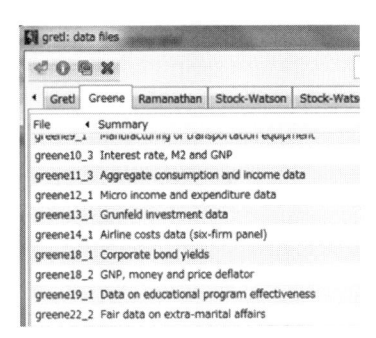

図5-11 両モデルの推定結果

図5-11-a プロビット・モデルの結果　　図5-11-b ロジット・モデルの結果

　ここでプロビット・モデルの例として使用するのは、サンプル・データ・ファイルのGreeneのgreene19_1にある、新しいマクロ経済学教育の成果を調査したデータセットです（図5-10参照）。従属変数はGRADEで、これは学生のマクロ経済学の中級コースの成績が入門コースの成績よりも高い場合は1、そうでない場合は0とするダミー変数です。説明変数は、PSI（新しいマクロ経済学教育に参加した場合1、参加していない場合0を取るダミー変数）、GPA（学生のGPA成績）、TUCE（学生のマクロ経済学の事前テストの成績）の3つです。

　5.2.2項で行った手順と同様に、プロビット・モデルおよびロジット・モデルで推定した結果が、図5-11-aと図5-11-bです。限界効果

(slope）を見ても、予測結果を見ても、両モデルでは大きな違いのない結果となっています。

第5章のまとめ

○合格したか否か、働いているか否か、といった2つの選択結果を分析するためには、従属変数をダミー変数としたモデルが必要になります。これを**二値選択モデル**と言います。
○二値選択モデルを最小二乗法で推定することは適切ではありません。
○二値選択モデルでは、**潜在変数**という考え方を導入し、攪乱項に正規分布やロジスティック分布を想定した**プロビット・モデル**、**ロジット・モデル**を用いて推定が行われます。
○仮想的な例をもとにプロビット・モデルを説明しました。プロビット・モデルは、gretl を用いると容易に推定ができます。なお、推定結果に**限界効果**を示すことが推奨されます。
○ gretl にはサンプル・データ・ファイルが付属されており、その事例からプロビット・モデルの推定が体験できます。

第5章で使用したgretlのデータ・ファイル

c52.gdt　　：5.2節で使用した試験の合否と学習時間のデータです。
greene19_1：5.2節で使用した Greene（2000）のデータです。

第6章 gretlでパネル分析

　gretlではパネル・データを対象とした計量分析も容易に行うことができます。パネル・データは時系列データとクロスセクション・データをあわせたものです。例えば、所得と消費の関係について、毎年の都道府県別データをひとまとめにして分析する、などをイメージしていただければわかりやすいと思います。時系列とクロスセクションという2つの次元を同時に扱いますので、そのために必要なパネル・データ固有の推定方法などを説明します。

6.1　パネル分析の基礎

　最初に、パネル分析を行う際にどうしても知っておいていただきたい基礎知識を説明します。パネル・データの構造、パネル分析の具体的な方法、そして複数ある推定方法のうち、どれを選択するべきかを示す検定方法などです。やや理論的な話が続きますが、次節ではgretlを用いて実際の推定を行いますので、少し辛抱してお読みください。

6.1.1　パネル・データの構造

　まずは、パネル・データの構造を理解しましょう。すでに述べたように、

第Ⅱ部　応用編

図6-1　パネル・データの構造

		ユニット：個人・地域・国その他				
		A	B	C	D	E	…
時間の推移	1	A1	B1	C1	D1	E1	…
	2	A2	B2	C2	D2	E2	…
	3	A3	B3	C3	D3	E3	…
	4	A4	B4	C4	D4	E4	…
	5	A5	B5	C5	D5	E5	…
	…						

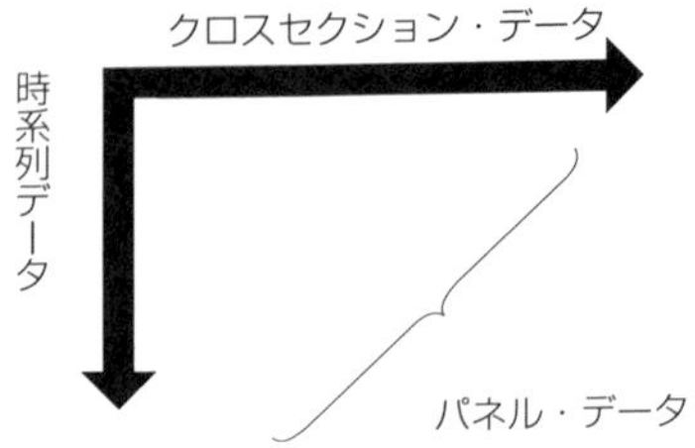

クロスセクション・データ

時系列データ

パネル・データ

パネル・データは時系列とクロスセクションという2方向のデータによって構成されています。以下では、クロスセクションを構成する単位をユニットと呼びましょう。

これまで扱ってきたデータは、年度や四半期単位で測定されたもの、もしくは都道府県別の変数が含まれるデータでした。前者は1つの国もしくは地域を対象として、時間の推移とともに変動する変数を記述したものです。一方、後者はある一時点における多くのユニット——都道府県や個人や企業、あるいは国など——を対象に、各ユニットに含まれる変数がデータとなります。図6-1はこうした状況を模式化したものです。

図6-1では、時間の推移は1、2、3、…というように表され、あるユニットAのデータは時系列でA1、A2、A3、…というように推移しています。これが時系列データです。一方、ユニットはA、B、C、…というように構成され、例えば時点1の変数はA1、B1、C1、…というように表されます。これがクロスセクション・データです。パネル・データはこの両者を同時に含みます。まとめると、A1、B1、C1、…、A2、B2、C2、…、A3、B3、C3、…というデータになります。したがって、時系

列が T 期、ユニットが N 個あれば、パネル・データの観測値数は $T \times N$ 個になります。なお、パネル・データによっては比較的 T が大きい一方、N が小さいもの（例えば国別の比較統計など）、その反対に N は大きいが T は小さいもの（個人や企業の個別データなど）があります。

　パネル・データを扱う場合、時系列方向およびクロスセクション方向の双方にすべてのデータが揃っていて欠損データがない場合を**完備パネル・データ**と言います。しかし現実には、欠損データのある場合が一般的です。その場合を**不完備パネル・データ**と言います。不完備パネル・データであっても、推定において不都合な点は少ないので、以下では、完備パネル・データと同じ扱いをすることとします。

　さて、なぜわざわざパネル・データを用いて分析を行うのでしょうか。その理由は第1に、クロスセクション・データだけでは動学的な変動（時間を通じての関係）を捕捉することができないからです。多くの変数間の関係は、時間とともにその関係が変化すると考えられますが、クロスセクション・データだけでは、こういった関係を捉えきれません。第2は、時系列データの対象を細かく観測することができるからです。対象とするデータにはユニットごとの"個性"があるはずです。例えば国全体を観測対象とするよりも、都道府県に分割して47のユニットに分けることで、その"個性"の違いを分析に組み込むことができるでしょう。第3は、データ数を増やすことが可能なことです。時系列データではデータ数が限られます（例えば年度データであれば30〜40程度）が、パネル・データにすれば、データ数はそのユニットの数だけ倍になります。これによって統計的検定などにおける自由度を増やし、検定そのものの信頼度を高めることができるのです。

　このように、パネル・データを利用することで多くの利点を得られますが、しかし時系列データのみ、もしくはクロスセクション・データのみの場合とは異なる扱いが必要になります。とくに、ユニット間の"個性"を分析の対象にすることが多いのですが、その"個性"をいかに測定するかが、パネル分析の中心的課題といっても過言ではないでしょう。

6.1.2 パネル・データの推定方法

説明変数 X、被説明変数 Y のデータはクロスセクションでも時系列でも測定が可能であるとします。例えば、経済の状況 X と財政収支 Y の関係を考えます。ある1つの国の時系列データで両者の関係を計測するのであれば、時間を添え字 t で表して

$$Y_t = \alpha + \beta X_t + u_t \tag{6-1}$$

と表現することができるでしょう。一方、国ごとのデータが複数あって、その個体（ユニット）をある時点で"串刺し"にして経済の状況 X と財政収支 Y の関係を観測するなら、個体の番号を添え字 i で表して

$$Y_i = \alpha + \beta X_i + u_i \tag{6-2}$$

と推定式を書くことができます。

先のパネル・データの構造で説明したように、時系列ごとに各ユニットのデータが得られるのであれば（あるいはユニットごとに時系列のデータが得られるのであれば）、そのデータは X_{it}、Y_{it} などと表現できますので、(6-1)式と(6-2)式を結合して、(6-3)式のような推定式が考えられます。

$$Y_{it} = \alpha + \beta X_{it} + u_{it} \tag{6-3}$$

(6-3)式で推定するモデルを、**プーリング・モデル**と言います。

ここで注意していただきたいのは、定数項 α と係数 β は、時系列方向にも各ユニット単位にも共通であるということです。したがって、プーリング・モデルは、すべてのデータをまとめてプールして、そのデータの集合に共通な定数項と係数を推定する方法であるということになります。

さて、個体ごとの関係を表す(6-2)式を用いて、経済と財政収支の関係を考えましょう。景気が良くなり税収が増えれば、その結果、財政収支は改善すると考えられます。しかし、国によってはそもそも財政規律が厳しい国（ドイツなど）とそうではない国（日本？など）が存在しますので、財政収支に影響を与える国ごとの"個性"（ここでは財政規律の強さ）を考える必要があるかもしれません。このとき、次のような2つの考え方があります。

[考え方①]　国ごとの違いは(6-2)式の定数項 α の違いで示すことができる。

　この場合、経済が財政収支に及ぼす影響の度合い β はすべての国において共通ですが、国ごとの財政規律の違いが定数項 α に現れると考えるのです。そうなると、推定式は(6-2)式ではなくて次の(6-4)式になります。
$$Y_i = \alpha_i + \beta X_i + u_i \qquad (6\text{-}4)$$
この式は、各時点におけるクロスセクションの推定式に、ユニットごとに異なる（財政規律の強さを表す）定数項 α_i が含まれ、ユニット共通の定数項はないものとなります。(6-4)式をもとに、(6-3)式を構成したように時系列方向のデータを結合すると、(6-5)式が得られます。
$$Y_{it} = \alpha_i + \beta X_{it} + u_{it} \qquad (6\text{-}5)$$
このモデルを**固定効果モデル**と言います。推定においては、ユニットごとにそれぞれのダミー変数を与えて、最小二乗法で推定することになります。

[考え方②]　国ごとの違いは観測できない変数 v_i で示すことができる。

　データとして明示的に観測できない変数が国ごとの"個性"を表すと考えます。財政規律という要因は、言葉では定義できるとしても、それを具体的なデータとして表すことは難しいからです。そこで、国ごとの"個性"（財政規律）は、すべてのユニットの平均である定数項 α を中心に確率変数として分布するとみなします。その変数を v_i として(6-2)式の定数項に付加すると、$\alpha + v_i$ となります。ここから、次の(6-6)式が得られます。ここでは v_i は攪乱項の一部として表現されています。
$$Y_i = \alpha + \beta X_i + v_i + u_i \qquad (6\text{-}6)$$
　この式に時系列方向のデータを組み合わせましょう。ただし v_i は国ごとの"個性"ですから、この変数は時系列方向の変動とは無関係です。以上から(6-7)式が得られます。
$$Y_{it} = \alpha + \beta X_{it} + v_i + u_{it} \qquad (6\text{-}7)$$
このモデルを**変量効果モデル**と言います。

一般的に攪乱項は、モデルの説明変数以外で被説明変数に影響を与える他の変数を要約したものと解釈されます。変量効果モデルを表す(6-7)式をその観点から眺めると、ユニットごとの"個性"を表す、しかしながら観測されない変数 v_i が攪乱項の一部に含まれているとみなすことができます。

この点から、変量効果モデルの推定で注意しなければならないことが生じます。それは、変量効果モデルの攪乱項が古典的回帰モデルの仮定を逸脱している点です。(6-7)式の $v_i + u_{it}$ をまとめて攪乱項と考えると、ユニットごとに攪乱項の大きさが異なります（不均一分散の一種です）。さらに変数 v_i は"個性"を表しますが、それは説明変数 X_{it} とも相関している可能性があります。このような点を考慮すると、変量効果モデルは単純な最小二乗法で推定することができません。そこで、最小二乗法ではなく、**一般化最小二乗法**という方法で推定を行います。一般化最小二乗法の説明は本書のレベルを超えますので省略しますが、変量効果モデルの推定は一般化最小二乗法で行う、ということだけを覚えておいてください。もちろん gretl は変量効果モデルを一般化最小二乗法で推定してくれます。

6.1.3 モデルの選択

ここまで述べてきたように、パネル・データを用いた分析には、そのモデルについて3つの定式化がありました。もう一度整理すると以下のようになります。

［1］プーリング・モデル　　：$Y_{it} = \alpha + \beta X_{it} + u_{it}$
［2］固定効果モデル　　　　：$Y_{it} = \alpha_i + \beta X_{it} + u_{it}$
［3］変量効果モデル　　　　：$Y_{it} = \alpha + \beta X_{it} + v_i + u_{it}$

みなさんがパネル・データを分析する場合、この3つのモデルのうち、どれを選択するのがいいか迷うでしょう。そこで、モデル選択の簡単な指針を示しておきたいと思います。モデル選択にはさまざまな統計的検定がありますが、ここではもっともシンプルな手順を示します。

最初に、[1] のプーリング・モデルと [2] の固定効果モデルのいずれを選ぶかを、**F 検定**により決定します。ここでプーリング・モデルが選択されれば、次は [1] プーリング・モデルと [3] 変量効果モデルのどちらを選ぶかに関して、**ブロイシュ＝ペーガン**（Breusch-Pagan）**検定**で選択を行います。この検定で選ばれたモデルが、最終的に選択されるモデルです。

もし最初のステップで [2] の固定効果モデルが選択されれば、その次に行うのは [2] 固定効果モデルと [3] 変量効果モデルの選択です。ここでは**ハウスマン**（Hausman）**検定**を行い、最終的に選択されるモデルを選ぶことになります。

では、それぞれの検定の概要を紹介しておきましょう。なお、検定の詳細や検定統計量に関しては統計学の基礎知識等も必要になりますので割愛します。興味ある読者はより進んだテキストを参照してください。

(1) F 検定

F 検定は、[1] のプーリング・モデルと [2] の固定効果モデルの双方で推定を行ったあと、その残差を利用して説明力の高さが有意に異なっているかを F 統計量をもとに検定するものです。F 検定における帰無仮説は次のとおりです。

$$H_0: 定数項はすべて等しい。$$

F 検定でこの帰無仮説が有意に棄却される（すなわち F 統計量が大きく、p 値が 5 ％以下）場合には、[2] の固定効果モデルが選択されます。

(2) ブロイシュ＝ペーガン検定

ブロイシュ＝ペーガン検定は、[1] のプーリング・モデルと [3] の変量効果モデルの選択を行うものです。プーリング・モデルで推定された定数項（非確率変数）は、変量効果モデルでは $\alpha + v_i$ として確率変数で記述されます。そこで、推定されたモデルで定数項が非確率変数であれば [1] のプーリング・モデルが、反対に確率変数であれば [3] の変量効

果モデルが選択されることとなります。帰無仮説は以下のとおりです。

$$H_0: 定数項は非確率変数である。$$

　ブロイシュ＝ペーガン検定によってこの帰無仮説が有意に棄却される（すなわち検定統計量が大きく、p 値が 5 ％以下）場合には、［ 3 ］の変量効果モデルが選択されます。

(3)　ハウスマン検定

　ハウスマン検定は、誤差項と説明変数との相関の有無を検定するものです。［ 3 ］の変量効果モデルでは分散の不均一性などが疑われます。さらには、説明変数と誤差項との相関も考えられます。こうした点を考慮して、ハウスマン検定では次の帰無仮説を検定します。

$$H_0: 変量効果モデルの定式化は正しい。$$

　ハウスマン検定によってこの帰無仮説が有意に棄却される（すなわち検定統計量が大きく、p 値が 5 ％以下）場合には［ 2 ］の固定効果モデルが、反対に受容されるのであれば（検定統計量が小さく、p 値が 5 ％以上）［ 3 ］の変量効果モデルが選択されます。

6.2　gretl でパネル分析

　いよいよ gretl でパネル分析に挑戦してみましょう。ここまで理論的な話が続き、十分にイメージできない読者もいたかもしれません。実際に手を動かしてパネル推定を行うことで、前節の説明の理解が深まるのではないでしょうか。

6.2.1　データの構造

　gretl で推定を行う前に、まずはデータの入力に関して説明します。パネル・データは、ある変数に関して時系列とクロスセクションの 2 方向にデータが存在し、かつ複数の変数が存在しますので、いわば 3 次元のデータ構造となっています。これを 2 次元の CSV ファイルなどのスプレ

第6章　gretlでパネル分析

図6-2　CSVファイルのデータ構造の例

		被説明変数Y	説明変数X	説明変数Z...
ユニット1	1980	Y1,1	X1,1	Z1,1
	1981	Y1,2	X1,2	Z1,2
	...	...	...	...
	2009	Y1,20	X1,20	Z1,20
	2010	Y1,21	X1,21	Z1,21
ユニット2	1980	Y2,1	X2,1	Z2,1
	1981	Y2,2	X2,2	Z2,2
	...	...	...	...
	2009	Y2,20	X2,20	Z2,20
	2010	Y2,21	X2,21	Z2,21
ユニット3	1980	Y3,1	X3,1	Z3,1
	1981	Y3,2	X3,2	Z3,2
	...	...	...	...
	2009	Y3,20	X3,20	Z3,20
	2010	Y3,21	X3,21	Z3,21
	...	...	...	...

ド・シートにどのように表現すればいいでしょうか。スプレッド・シートは2次元の構造ですから、単純にデータを書き込んでいけばよい、というわけにはいきません。

図6-2を参照してください。この図はスプレッド・シートの構造を示したものです。第1行には、第2列目から変数名（英数字で表記してください）を並べます。図では第2列に被説明変数Y、第3列以降に説明変数X、Z…が並んでいますが、とくに最初に被説明変数を置く必要はありません。

注意していただきたいのは、第2列目のデータです。第2列目の第2行から最初のユニット（ここでは「ユニット1」としています）の被説明変数Yのデータを時系列で並べます。ユニット1の時系列のデータを入力し終わったあと、次にユニット2の被説明変数Yのデータを、間をあけずに時系列で並べます。これを繰り返してすべてのユニットの被説明変数Yのデータを時系列順に入力します。第3列以降の説明変数X、Zについても同様です。

ここでは、ユニットごとに時系列順にデータを入力していくデータ構造

を紹介しましたが、その反対も可能です。すなわち、時系列の時間ごとにユニットのデータを順に入力していくというものです。gretl ではどちらのデータ構造でも受け付けますが、上記で説明した、ユニットごとに時系列データを積み重ねていく方式が一般的ですので、以下ではこの方式でデータを作成することとします。

6.2.2　gretl へのデータ入力

　実際のデータを使って、gretl のデータ・ファイルを作成してみましょう。ここで使用するデータは OECD の *Economic Outlook No.89* から得た、G7諸国（日本、アメリカ、ドイツ、フランス、イギリス、イタリア、カナダ）の実質経済成長率と財政収支のデータです。データの期間は1997〜2009年までの13年間です。したがって、総データ数は7カ国×13年間で91となります。以下では、「財政政策の結果、財政収支が赤字化すれば経済を刺激して実質経済成長率が高まる」という仮説を検証してみたいと思います。

　さて、7カ国、13年間のデータを図6-3のようなデータ構造にしてCSVファイルを作成します。第1列には時間の推移を、第2列は財政赤字（説明変数）、第3列は実質経済成長率のデータが国別に並んでいます。

　このCSVファイルを gretl に読み込ませます。データのインポートの方法はこれまでとほぼ同じですが、しかしながらいくつかパネル・データ特有の手続きがあります。

　まず、gretl を開き、そのメニューバーにある File をクリックし、Open data ⇒ Import ⇒ text/CSV と進めて、上記の CSV ファイルを指定し Open をクリックします。ここまでは変わりません。しかしデータの構造から、gretl はこのファイルの構造が読み取れないため、図6-4-aのようにデータの構造を尋ねてきます。そこで Panel を選択し、Forward をクリックします。次に、図6-4-bのように、gretl はパネル・データの構造を再び尋ねてきます。すなわち、ユニットごとに時系列順にデータを入力してあるのか、それとも時間ごとにユニット順にデータを入力してあ

図 6-3 　CSV ファイルの例

	A	B	C
		Deficit	Growth
1	1997	-4.03	1.56
2	1998	-11.16	-2.05
3	1999	-7.42	-0.14
4	2000	-7.64	2.86
5	2001	-6.3	0.18
6	2002	-8.03	0.26
7	2003	-7.89	1.41
8	2004	-6.15	2.74
9	2005	-6.7	1.93
10	2006	-1.63	2.04
11	2007	-2.39	2.36
12	2008	-2.16	-1.17
13	2009	-8.73	-6.28
14	1997	-0.89	4.46
15	1998	0.31	4.36
16	1999	0.69	4.83
17	2000	1.47	4.14
18	2001	-0.63	1.08
19	2002	-3.97	1.81
20	2003	-4.97	2.49
21	2004	-4.44	3.57
22	2005	-3.26	3.05
23	2006	-2.18	2.67
24	2007	-2.9	1.95
25	2008	-6.35	0
26	2009	-11.28	-2.63
27	1997	-2.64	1.85
28	1998	-2.18	1.82

るのか、ということです。ここでは図 6-3 のようにユニットごとに時系列順にデータを入力してありますので、Stacked time series を選択し、Forward をクリックします。最後に、(クロスセクション方向の) ユニットの数と、時系列の期間幅を図 6-4-c のように確認してきますので、ここでも Forward をクリックします。これでデータ・ファイルのインポートは終了です。

6.2.3　gretl によるパネル推定とモデルの選択

いよいよパネル推定を試みましょう。プーリング・モデル、固定効果モデル、変量効果モデル、いずれも容易に推定を行うことができます。最初はプーリング・モデルから説明しましょう。

第Ⅱ部　応用編

図6-4　データ・ファイルのインポート

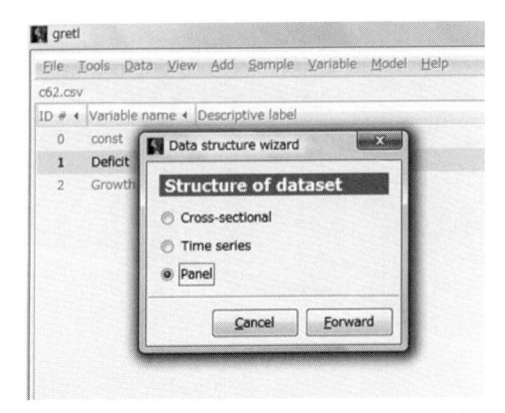

図6-4-a　データ・ファイルのインポート(1)

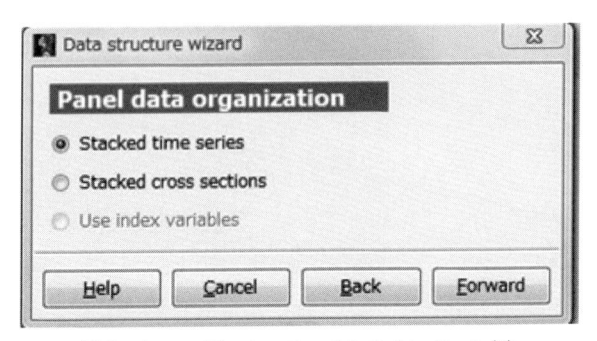

図6-4-b　データ・ファイルのインポート(2)

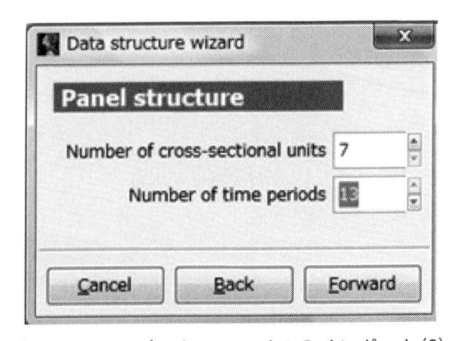

図6-4-c　データ・ファイルのインポート(3)

図6-5　プーリング・モデルの推定結果

```
gretl: model 1
File  Edit  Tests  Save  Graphs  Analysis  LaTeX

Model 1: Pooled OLS, using 91 observations
Included 7 cross-sectional units
Time-series length = 13
Dependent variable: Growth

               coefficient   std. error    t-ratio    p-value
  const          2.97097      0.240740      12.34     5.59e-021 ***
  Deficit        0.492625     0.0594466      8.287    1.12e-012 ***

Mean dependent var    1.615714   S.D. dependent var    2.230584
Sum squared resid   252.7644     S.E. of regression    1.685245
R-squared             0.435536   Adjusted R-squared    0.429194
F(1, 89)             68.67169    P-value(F)            1.12e-12
Log-likelihood     -175.6061     Akaike criterion    355.2123
Schwarz criterion   360.2340     Hannan-Quinn        357.2382
rho                   0.831423   Durbin-Watson         0.595255
```

(1) プーリング・モデルによる推定

プーリング・モデルの推定は通常の最小二乗法と変わりはありません。gretlのデータ・ファイルのメニューバーからModel ⇒ Ordinary Least Squaresを選択し、Growth（実質経済成長率）を被説明変数に、Deficit（財政赤字）を説明変数に指定し、最小二乗法を実行してみてください。図6-5がその推定結果です。

財政赤字の係数は0.4926と正で有意な値でした。このことは、（変数の値は財政赤字だとマイナス、黒字だとプラスになりますので）財政赤字が改善するほうが、経済成長率に寄与することを意味しています。マクロ経済学の伝統的な財政政策の見方と対照的な結果となっています。G7諸国では近年、財政赤字の改善が成長につながるという非ケインジアン的な見方を示すものとなりました。

(2) 固定効果モデルによる推定

固定効果モデルの推定は、データ・ファイルのメニューバーからModel ⇒ Panel ⇒ Fixed or random effectsを選択します。すると、図6-6のような選択画面が現れますので、プーリング・モデルと同様にGrowthを被説明変数に、Deficitを説明変数に指定し、画面下部にあるFixed

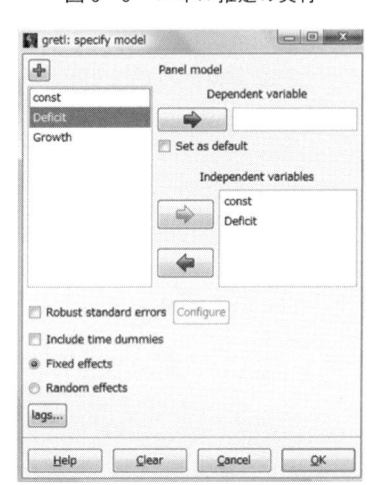

図6-6　パネル推定の実行

図6-7　固定効果モデルの推定結果

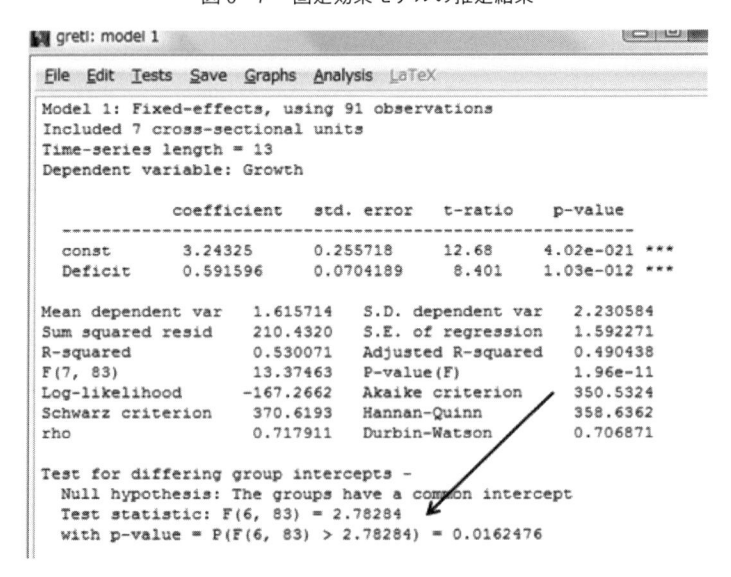

```
Model 1: Fixed-effects, using 91 observations
Included 7 cross-sectional units
Time-series length = 13
Dependent variable: Growth

              coefficient   std. error   t-ratio   p-value
    ------------------------------------------------------------
    const       3.24325      0.255718    12.68    4.02e-021 ***
    Deficit     0.591596     0.0704189    8.401   1.03e-012 ***

Mean dependent var    1.615714   S.D. dependent var    2.230584
Sum squared resid   210.4320    S.E. of regression    1.592271
R-squared             0.530071   Adjusted R-squared    0.490438
F(7, 83)             13.37463   P-value(F)            1.96e-11
Log-likelihood     -167.2662    Akaike criterion    350.5324
Schwarz criterion   370.6193    Hannan-Quinn        358.6362
rho                   0.717911   Durbin-Watson         0.706871

Test for differing group intercepts -
  Null hypothesis: The groups have a common intercept
  Test statistic: F(6, 83) = 2.78284
  with p-value = P(F(6, 83) > 2.78284) = 0.0162476
```

effects にチェックを入れて、OK をクリックしてください。

図 6-7 が固定効果モデルの推定結果です。財政赤字の係数は 0.5916 となり、プーリング・モデルの推定結果よりも大きな値となっています。

さて、モデル選択のところで説明したように、プーリング・モデルと固定効果モデルのどちらを選択するかは、F 検定によります。図 6-7 の矢印で示した部分が F 検定の結果です。gretl は推定と同時に検定も行ってくれます。この結果を見ると、F 値は 2.7828 で p 値は 0.016 となっています。p 値は 5％以下ですので帰無仮説は棄却され、固定効果モデルが選択されるということになります。

(3) 変量効果モデルの推定

変量効果モデルの推定方法は、固定効果モデルとほぼ同じです。図 6-6 の画面下部にある Random effects にチェックを入れるところだけが違います。

図 6-8 は変量効果モデルによる推定結果です。財政赤字の係数は 0.5365 と、プーリング・モデルと固定効果モデルの間の大きさになっています（詳細は省略しますが、変量効果モデルで推定された係数の値はこうした値を取ります）。

モデル選択の結果に着目してみましょう。最初にプーリング・モデルと変量効果モデルを選択するブロイシュ＝ペーガン検定の結果を見ると、p 値は 0.0733 と 5％有意水準を超えており、帰無仮説を棄却できませんでした。その結果、プーリング・モデルが選択されます。次に、ハウスマン検定の結果では、p 値は 0.0772 とこれも 5％有意水準を超えており、帰無仮説を棄却できていません。その結果、変量効果モデルが選択されることとなります。

F 検定とあわせて以上の結果をまとめると、残念ながら三すくみとなってしまいました。プーリング・モデルと固定効果モデルでは固定効果モデルが、プーリング・モデルと変量効果モデルではプーリング・モデルが、さらに固定効果モデルと変量効果モデルでは変量効果モデルが選択されて

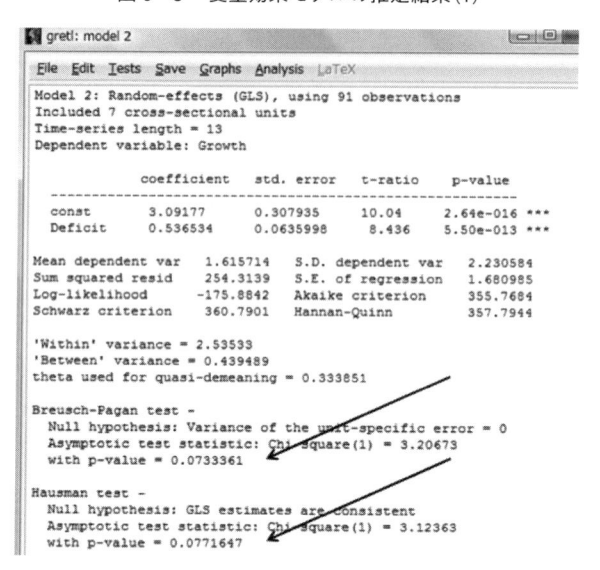

図6-8　変量効果モデルの推定結果(1)

```
gretl: model 2
File Edit Tests Save Graphs Analysis LaTeX
Model 2: Random-effects (GLS), using 91 observations
Included 7 cross-sectional units
Time-series length = 13
Dependent variable: Growth

              coefficient    std. error    t-ratio    p-value
    -------------------------------------------------------------
    const      3.09177        0.307935     10.04      2.64e-016 ***
    Deficit    0.536534       0.0635998     8.436     5.50e-013 ***

Mean dependent var    1.615714    S.D. dependent var    2.230584
Sum squared resid     254.3139    S.E. of regression    1.680985
Log-likelihood       -175.8842    Akaike criterion      355.7684
Schwarz criterion     360.7901    Hannan-Quinn          357.7944

'Within' variance = 2.53533
'Between' variance = 0.439489
theta used for quasi-demeaning = 0.333851

Breusch-Pagan test -
  Null hypothesis: Variance of the unit-specific error = 0
  Asymptotic test statistic: Chi-square(1) = 3.20673
  with p-value = 0.0733361

Hausman test -
  Null hypothesis: GLS estimates are consistent
  Asymptotic test statistic: Chi-square(1) = 3.12363
  with p-value = 0.0771647
```

しまいました。こうした結果はとくに珍しいことではありません。ただし、ブロイシュ＝ペーガン検定の結果もハウスマン検定の結果も、p値は7％程度と微妙な水準にありますので、最終的に固定効果モデルを選択するということも考えられます。

6.2.4　gretlによるパネル推定——もう1つの例

先の例では7カ国、13年間のデータを扱いました。ここではクロスセクション方向が時系列方向に比べ大きいデータを事例に、もう1つのパネル分析を紹介しましょう。

第2章では都道府県別の出生率（TFR、合計特殊出生率）を、5年前の初婚年齢（MAR）と女性の労働力率（LAB）の上に回帰する例を紹介しました。そこでは2005年の1時点のデータを扱いました。それを1990年、1995年、2000年の3つの時点を含め、計4時点のパネル・データとして扱ってみたいと思います（なおデータの都合上、1990年に限って10年前の初

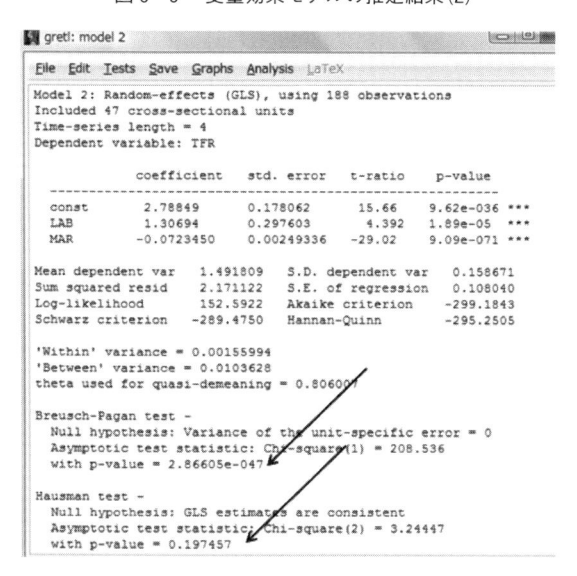

図6-9　変量効果モデルの推定結果(2)

```
gretl: model 2
File Edit Tests Save Graphs Analysis LaTeX

Model 2: Random-effects (GLS), using 188 observations
Included 47 cross-sectional units
Time-series length = 4
Dependent variable: TFR

              coefficient   std. error   t-ratio    p-value
  const        2.78849       0.178062     15.66     9.62e-036  ***
  LAB          1.30694       0.297603      4.392    1.89e-05   ***
  MAR         -0.0723450     0.00249336  -29.02     9.09e-071  ***

Mean dependent var    1.491809   S.D. dependent var    0.158671
Sum squared resid     2.171122   S.E. of regression    0.108040
Log-likelihood      152.5922    Akaike criterion    -299.1843
Schwarz criterion  -289.4750    Hannan-Quinn        -295.2505

'Within' variance = 0.00155994
'Between' variance = 0.0103628
theta used for quasi-demeaning = 0.806000

Breusch-Pagan test -
  Null hypothesis: Variance of the unit-specific error = 0
  Asymptotic test statistic: Chi-square(1) = 208.536
  with p-value = 2.86605e-047

Hausman test -
  Null hypothesis: GLS estimates are consistent
  Asymptotic test statistic: Chi-square(2) = 3.24447
  with p-value = 0.197457
```

婚年齢としています）。

　先程の例と異なるのは、ユニットの数が多いことです。そのため、データを納めるスプレッド・シートの構造は、時間ごとにユニット（都道府県）データを積み重ねる方が便利かもしれません。その場合、gretlにインポートする際には先ほどとは反対に、時点ごとにユニット順でデータが並んでいるようにチェックを入れる必要があります（図6-4-b参照）。

　出生率の分析例では、変量効果モデルの推定結果を中心に紹介しましょう。図6-9がその結果です。これによれば、労働力率の係数は1.307と正で有意、また初婚年齢は－0.072と負で有意でした。第2章で想定した仮説は統計的に確認されています。

　ブロイシュ＝ペーガン検定の結果を見ると、検定統計量のp値は小さく、帰無仮説は棄却され、プーリング・モデルではなく変量効果モデルが選択されます。また、ハウスマン検定の結果を見ると、その検定統計量のp値は0.1975と帰無仮説を棄却できませんでした。このことからも、固定効果

モデルではなく変量効果モデルが採択されます。以上から、都道府県別出生率の分析では変量効果モデルが選択されることになります。ちなみに、固定効果モデルでも推定を行っていますが、その場合はF検定により、プーリング・モデルではなく固定効果モデルが選択される結果となっています。

6.3　パネル分析のその他の話題

パネル分析は近年、理論面、実証面の双方で急速な進歩が見られています。ここでは、パネル分析に関するその他の話題として、固定効果モデルに関する階差推定とウィズイン推定、およびダイナミック・パネル分析の初歩について紹介します。

6.3.1　階差推定とウィズイン推定

固定効果モデルの推定では、ユニットごとの違いをそれぞれのユニットにダミー変数を与える形で推定を行っています。具体的には、次のように推定しています。ユニットiのデータに対しては1、それ以外のユニットのデータには0を与えるダミー変数をD_iとします。したがって、(6-5)式は実際には

$$Y_{it} = \alpha_1 D_1 + \cdots + \alpha_N D_N + \beta X_{it} + u_{it} \tag{6-8}$$

という式を推定することになります。ユニットごとの個別の効果は、このダミー変数の係数で与えられることになります。こうした推定方法を、**LSDV 推定**（最小二乗ダミー変数推定；Least Squares Dummy Variables）と言います。

固定効果モデルの推定ではこの他に、階差推定とウィズイン推定という方法があります。**階差推定**は個別の効果であるα_iを消去することで係数βを求める方法です。(6-5)式を再掲すると

$$Y_{it} = \alpha_i + \beta X_{it} + u_{it}$$

となりますが、時系列方向で1期の階差をとると

$$Y_{it} - Y_{i,t-1} = (\alpha_i - \alpha_i) + \beta(X_{it} - X_{i,t-1}) + (u_{it} - u_{i,t-1})$$

となります。階差を Δ で示すと、次のような(6-9)式が得られます。

$$\Delta Y_{it} = \beta \Delta X_{it} + \Delta u_{it} \qquad (6\text{-}9)$$

この式を最小二乗法で推定すれば、係数 β を求めることができます(実際の推定では、定数項で表される各ユニット共通の効果がまったくない場合に限って、LSDV 推定量と一致します)。

ウィズイン推定は、グループ内推定とも称されます。(6-5)式をもとにユニットごとの時間平均をとってみましょう。これを(6-10)式とします。

$$\overline{Y}_i = \alpha_i + \beta \overline{X}_i + \overline{u}_i \qquad (6\text{-}10)$$

(6-5)式から(6-10)式を引くと、α_i が消去されます。

$$Y_{it} - \overline{Y}_i = (\alpha_i - \alpha_i) + \beta(X_{it} - \overline{X}_i) + (u_{it} - \overline{u}_i) \qquad (6\text{-}11)$$

この式を最小二乗法で推定すれば、係数 β を求めることができます。

6.3.2 ダイナミック・パネル分析

パネル分析では、被説明変数のラグ項を説明変数に加えるとさまざまな問題が生じます。(6-5)式の説明変数に、被説明変数の1期ラグを加えた(6-12)式を見てみましょう。

$$Y_{it} = \alpha_i + \beta X_{it} + \gamma Y_{i,t-1} + u_{it} \qquad (6\text{-}12)$$

個別効果 α_i は時間方向とは無関係な変数です。ここで、(6-12)式の $\gamma Y_{i,t-1}$ の項に、(6-12)式の1期ラグを代入すると次式のようになります。

$$Y_{it} = \alpha_i + \beta X_{it} + \gamma(\alpha_i + \beta X_{i,t-1} + \gamma Y_{i,t-2} + u_{i,t-1}) + u_{it}$$

この式から、個別効果 α_i が同時に現れ、さらに攪乱項が自己相関を持つ(u_{it} と $u_{i,t-1}$ が相関を持つ)場合には、説明変数と攪乱項が相関を持つことになってしまいます。これにより、(6-12)式を最小二乗法で推定すると、得られた係数にはバイアスが生じてしまいます。

(6-12)式のように、被説明変数のラグ項を説明変数に持つ式のパネル推定を、**ダイナミック・パネル推定**と言います。実際に推定を行うにあたってさまざまな方法が考案されていますが、ここではアレラノ=ボンド(Arellano and Bond)による方法を紹介します。これは時系列方向の階差

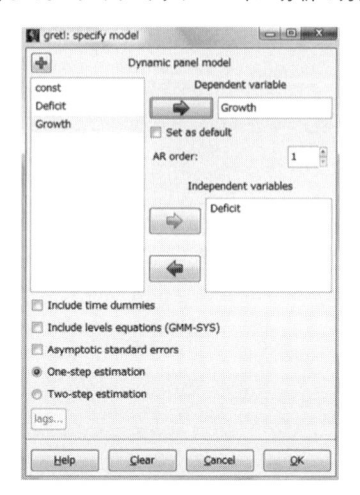

図6-10 ダイナミック・パネル分析の方法

図6-11 ダイナミック・パネル分析の推定結果

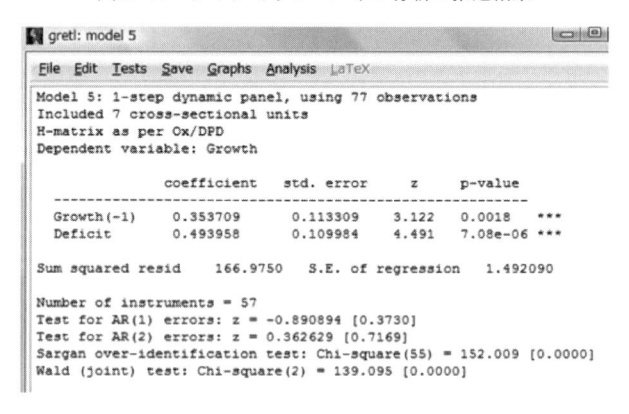

をとり、個別効果を消去して推定する方法です。

$$Y_{it} - Y_{i,t-1} = \beta(X_{it} - X_{i,t-1}) + \gamma(Y_{i,t-1} - Y_{i,t-2}) + (u_{it} - u_{i,t-1}) \quad (6\text{-}13)$$

6.2.2項で紹介したOECD 7カ国の実質経済成長率と財政赤字のデータを用いて、gretlでダイナミック・パネル分析に挑戦してみましょう。データ・ファイルのメニューバーから Model ⇒ Panel ⇒ Dynamic panel modelを選択してください。すると、図6-10が現れます。ここで注意していただきたいのは、(6-13)式を推定しますので、定数項を外してください。また、被説明変数の1期ラグを説明変数に加えますので、AR orderは1を選択して、OKをクリックしてください。推定結果は図6-11にあるとおりです。

第6章のまとめ

○**パネル・データ**は、時系列データとクロスセクション・データをあわせたものです。パネル・データを利用する場合には、パネル・データ固有の推定方法を用いる必要があります。
○パネル・データの分析では、ユニット間の"個性"をいかに測定するかが中心的課題となります。
○**プーリング・モデル**は、すべてのデータをまとめて、そのデータの集合に共通な定数項と係数を推定する方法です。
○ユニットごとにそれぞれのダミー変数を与え、最小二乗法で推定する方法を**固定効果モデル**と言います。
○ユニット間の違いを観測できない変数で代替し、これが攪乱項の一部を形成しているとして推定する方法を**変量効果モデル**と言います。その場合、**一般化最小二乗法**で推定を行います。
○どのモデルを採用するかについては、***F*検定**、**ブロイシュ＝ペーガン検定**、**ハウスマン検定**などによって決定します。
○固定効果モデルには**階差推定**、**ウィズイン推定**などの推定方法があります。また、モデルの説明変数に被説明変数のラグ項を加える場合、**ダイナミック・パネル分析**を用いる必要があります。

```
┌─ 第6章で使用したgretlのデータ・ファイル ─────────────
│  c62.gdt  ：6.2、6.3節で使用した実質経済成長率と財政赤字のデータ
│            です。
│  c62b.gdt：6.2節で使用した都道府県別出生率等のパネル・データで
│            す。
└─────────────────────────────────────
```

第7章 gretl で時系列分析

時間とともに推移する時系列データには、クロスセクション・データなどにはない独自の性質があります。例えば GDP（国内総生産）の推移を考えてみましょう。近年、経済の停滞で GDP の水準は伸び悩んでいます。しかし、戦後から現在までの長期的な時間視野の中では、傾向的に増加していることがわかります。一方、GDP の水準ではなく経済成長率（GDP 増加率）をみると、マイナス成長もあればプラスの成長もあるというように、一方的に増加もしくは低下することはありません。このように時系列データには異なる性質を持つものがあり、それを意識してデータを扱う必要があります。本章では、時系列データの性質と、その分析方法について説明します。

7.1 時系列データの性質

時系列分析を行う際には、データの定常性が重要な役割を持ちます。扱うデータに定常性がないと、時間とともにそのデータの値は発散するか、あるいは予測不可能なランダムな動きを示すことになり、経済分析を行うには不適切な場合があります。ただし、ランダムな動きをする変数同士が調和して推移するということ（共和分）もあり、扱いが難しいところがあ

第Ⅱ部　応用編

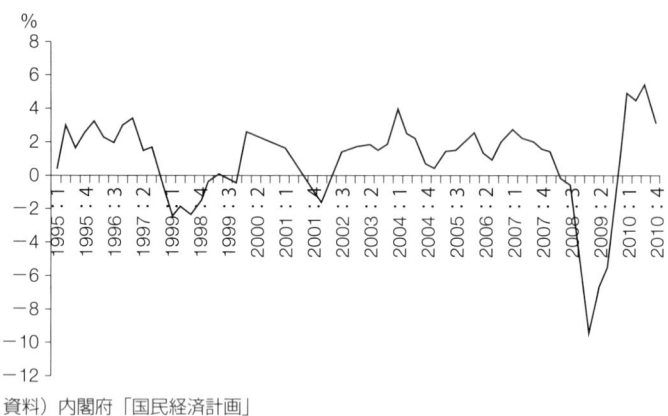

図7-1　GDP成長率の推移

資料）内閣府「国民経済計画」

ります。本節では、時系列データに関する入門的な事柄を解説します。

7.1.1　定常性とコレログラム

　時系列データを分析する場合に重要なことは、そのデータがどのような性質を持っているか、ということです。例えばGDP成長率（経済成長率）を考えてみましょう。1995年第一四半期から2010年第一四半期までの、対前年同期比でみた四半期ベースのGDP成長率（実質連鎖方式）を示したものが、図7-1です。これを見ると、最近のGDP成長率はマイナスになる場合もありますが、その一方でプラス成長も多いようです。このGDP成長率は時間とともに急速に高くなるとか、低くなるといったことはなさそうです。ある意味では、GDP成長率は一定の範囲の中に留まっていると言えます。

　こうした安定した状態をどのように記述すればいいか、ということが時系列分析の出発点になります。時間とともに推移するデータが確率変数（その値が実現する頻度を確率で表すことができる変数）であると、その時系列データには平均や分散などが存在することになります。いま、時系列データを y_t と表現します。添字 t は特定の時間（年度、四半期、ある

いは月次など）を示し、例えば $t=2012$ であれば2012年度のデータとなります。GDP 成長率のデータは標本期間を超えて過去、将来に続くと考えられますので、ここでは抽象的に時系列データ y_t は $t=-\infty$ から $t=\infty$ の期間まで続くものとして、その平均を $E(y_t)$、分散を $Var(y_t)$ としましょう。さらに、時点 t と k 期間のラグを挟んだ時点 $t-k$ のデータとの共分散を $Cov(y_t, y_{t-k})$ と表し、**自己共分散**と呼びます。ここで、以下の3つの条件が成立するとき、この時系列データは**定常**（stationary）であると言います。

［1］$E(y_t)=\mu$：平均は時間 t に依存せず一定である。
［2］$Var(y_t)=\gamma(0)\equiv\sigma^2$：分散は時間 t に依存せず一定である。
［3］$Cov(y_t, y_{t-k})=\gamma(k)$：異時点間の共分散は時間差 k のみに依存する。

上記［3］に関してはもう少し説明が必要かもしれません。時系列データでは、ある時点と、それから時間差で k だけ離れた時点のデータ同士の自己共分散を計算することができますが、その自己共分散の値はある特定の時点に依存せず（すなわち、$t=2012$ と $t=1991$ では異なる自己共分散の値が得られることはなく）、ただ時間差 k のみが関係してくるということです。したがって、ある時点とその2期前のデータとの自己共分散を計算すると、どの時点から計算を始めても、その値は一定となります。この自己共分散の値がゼロでない限り、定常な時系列データでは、現在のデータは過去のデータから何らかの影響を受けていることになります。このことが、以下で詳述する自己回帰モデルの考え方につながるのです。なお、自己共分散が $k=0$ 以外のいずれの k についてもゼロである場合を**ホワイト・ノイズ**と言い、その場合には各時点でのデータの値が過去のデータの値とはまったく無関係な系列になります。

時系列分析では、上記の［1］〜［3］が満たされる定常な時系列データを対象としてさまざまな分析が行われます。実は、最小二乗法などを行う際にも、対象とするデータは定常でなければなりません。しかし、現実の時系列データは必ずしも定常であるとは限らないのです。この点の対応

や、定常であるかどうかの見極めに関しては以下で述べますが、その前に、自己相関係数などの指標について解説しておきましょう。

自己相関係数（Autocorrelation function）は(7-1)式で定義され、ACFと呼ばれます。

$$\rho(k) = \frac{\gamma(k)}{\gamma(0)} = \rho(-k) \qquad (7\text{-}1)$$

自己相関係数全体の集まりを**コレログラム**と言います。さらに、偏自己相関係数という概念もあります。現時点のデータと、2期前のデータとの自己相関係数 $\rho(2)$ を考えてみましょう。両者に強い相関があったとします。しかし、現時点のデータと1期前のデータとの間にも強い相関があったとすると、その影響が $\rho(2)$ の値に反映されているはずです。そこでその影響を消去した上で、現時点のデータと2期前のデータとの関係を見ることがあります。その場合の相関係数を**偏自己相関係数**（Partial Autocorrelation function）と言い、PACF と表されます。

7.1.2 gretl でコレログラム

実際に gretl で自己相関係数などを計算してみましょう。使用するデータは、図7-1で示した GDP 成長率です。これに同時期の失業率を加えたデータ・ファイルが c71.gdt です。GDP 成長率の自己相関係数などを計算するには、データ・ファイルの GDPG を選んだあと、メニューバーにある Variable ⇒ Correlogram を選択します。ポップアップメニューが現れて、Maximum lag を尋ねてきます。これは計算する自己相関係数の時間差 k を意味しますので、そのまま12を選んで、OK をクリックしてください。図7-2-a にある表と図7-2-b にあるコレログラムの図が表示されます。

この結果を見てみましょう。図7-2-a に注目すると、GDP 成長率は LAG が1のとき（すなわち $k=1$ のとき）自己相関係数 ACF は0.785と比較的大きな値となっています。また、LAG が2の場合も0.472と高い相関が得られています。その後、LAG が大きくなるにつれ、自己相関係数

図7-2 自己相関係数等の計算

```
Autocorrelation function for GDPG

 LAG      ACF            PACF         Q-stat. [p-value]

   1    0.7853  ***    0.7853  ***     41.3449  [0.000]
   2    0.4718  ***   -0.3778  ***     56.5125  [0.000]
   3    0.1328        -0.2467  **      57.7330  [0.000]
   4   -0.1789        -0.2079  *       59.9873  [0.000]
   5   -0.2973  **     0.2403  *       66.3134  [0.000]
   6   -0.3228  ***   -0.1242          73.9002  [0.000]
   7   -0.3024  **    -0.1566          80.6765  [0.000]
   8   -0.2644  **    -0.1657          85.9514  [0.000]
   9   -0.1957         0.1697          88.8915  [0.000]
  10   -0.1184        -0.0171          89.9884  [0.000]
  11   -0.0583        -0.1330          90.2591  [0.000]
  12    0.0088        -0.0427          90.2655  [0.000]
```

図7-2-a 自己相関係数等の計算①

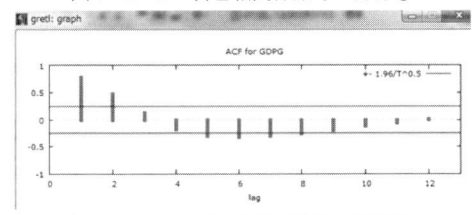

図7-2-b 自己相関係数等の計算②

はマイナスになり、またその絶対値も小さくなっていきます。ACFの隣には、偏自己相関係数 PACF の計算結果も記載されています。図7-2-bはこの ACF の値をグラフで示したもので、絶対値の大きさは LAG が大きくなるにつれ小さくなることが見てとれます。

図には Q-stat という検定統計量がありますが、これは Ljung-Box の **Q 統計量**といい、ACF がそれぞれゼロである（相関がない）とする帰無仮説を検定するものです。図の結果から帰無仮説は棄却され、したがって ACF の各値はゼロではないということになります。

7.1.3 単位根と非定常

ランダム・ウォークという言葉を聞いたことがある方もいるかもしれません。これはある時点の値が決まると、次の時点の値はまさしくランダムに決まるというようなデータ系列を指します。具体的にどのようなものか、(7-2)式で見ておきましょう。データ系列を y_t とすると、

$$y_t = y_{t-1} + \varepsilon_t \qquad (7\text{-}2)$$

と書くことができます。ここで、ε_t は先ほど言及したホワイト・ノイズで、毎期独立に生じるまさにランダムな確率変数です。(7-2)式からわかるように、時点 $t-1$ の値と時点 t の値の関係はランダムであるとしか言いようがありません。これに対して(7-3)式を見てください。

$$y_t = \phi y_{t-1} + \varepsilon_t \qquad (7\text{-}3)$$

ここで ϕ は 0 から 1 の間の値を取るとします。詳細な説明は省略しますが、(7-3)式のようなモデルで記述できる変数は、定常な変数であることが知られています。

一方、(7-2)式は $\phi=1$ とした式です。(7-2)式のように表されるデータ系列は、前項でみた定常性の条件［1］〜［3］を満たさないことが知られています。定常でないデータ系列は**非定常**と呼ばれます。また、$\phi=1$ であることから、(7-2)式で示されるデータ系列は**単位根を持つ**、あるいは**単位根過程に従う**と表現されます。

あるデータ系列が単位根を持つと、その将来の値は予測不能となる他、徐々にデータの分散の値が大きくなることなどが知られています。こうしたデータを扱う場合にはさまざまな困難があり、単純に最小二乗法などを適用すると誤った結論を導く可能性があります。そのために、単位根を持つかどうかに関する単位根検定の手法が発達してきました。これについてはこのあとに紹介します。

マクロ経済変数を見ると、必ずしも定常な変数ばかりではありません。先の例ではGDP成長率を取り上げましたが、GDPそのものは時間とともにその水準が大きくなっています。その意味では、定常性の条件である［1］の、系列の平均値は一定であるという条件を満たしていません。また、水準が大きくなるにつれ分散が大きくなるという傾向もありそうです(不均一分散の議論を思い出してください)。しかしこうしたデータであっても、データ系列からトレンドを除くと定常な要素だけが残る場合もあります。その場合は**トレンド定常**である、という言い方もします。詳細な説明は本書のレベルを超えますが、このトレンド定常という言葉だけは覚え

図7-3 データ・ファイルの作成

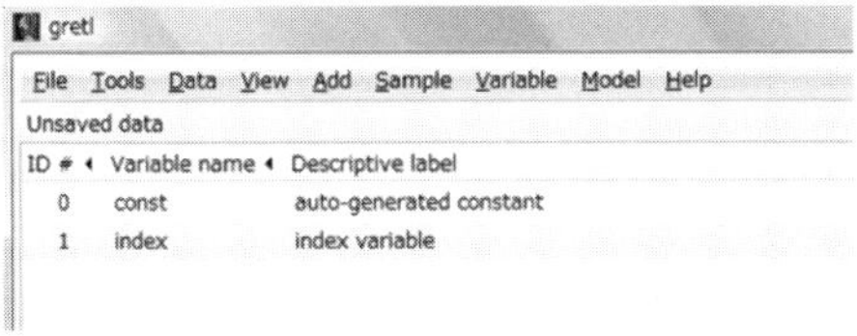

ておいてください。

なお、(7-3)式で$\phi>1$の場合も非定常な系列であり、毎期の値が前期よりも大きくなって、時間とともにその値が膨大な大きさになる（発散する）データを表しています。ただし、こうしたデータは経済学ではほとんど扱いませんので、以下で非定常と言った場合には、ほぼ単位根を持つ系列という意味で解釈してください。

7.1.4 gretlで実験

定常な系列や単位根過程などと説明しても、なかなか具体的に理解するのは難しいかもしれません。そこでgretlを利用して、実験的に定常な系列と非定常な系列を生成してみましょう。(7-2)式から作成する100個の非定常な系列をy_1とし、(7-3)式で$\phi=0.9$として作成する100個の定常な系列をy_2とします。そのデータ・ファイルの作成方法は以下のとおりです。

gretlのデータ・ファイルから、File ⇒ New data setと進むとNumber of observationsというボックスが開いて、作成するデータの個数を聞かれますので、ここでは100と入力し、OKをクリックします。これで100個の時系列データを作成できます。次いでTime seriesにチェックを入れ、続けて時系列データの期種を聞かれますので、一番下にあるOtherにチェックを入れ、あとはForwardもしくはApplyをクリックして進みます。すると、図7-3にあるようなデータ・ファイルができます。

次に、乱数を発生させます。メニューバーのAdd ⇒ Random variableを選択し、ボックスが開いたらnormalを選択し（これは正規分布を表します）、名前にe_1と入力しましょう（読者のみなさんが改めてデータ作

図7-4　変数の作成

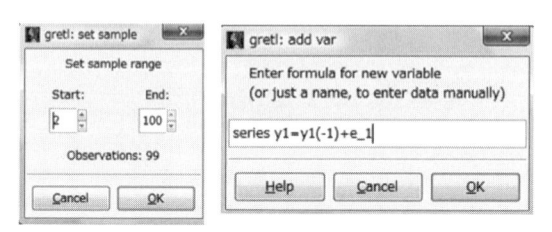

図7-4-a　変数の作成①　　図7-4-b　変数の作成②

図7-5　非定常なデータと定常なデータの比較

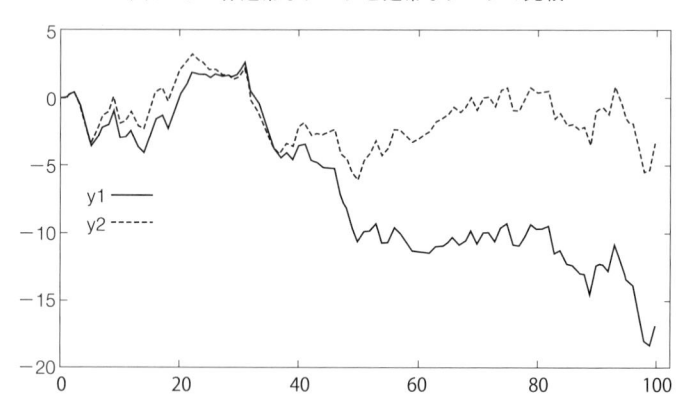

成を行う際、乱数の種類が異なる場合には本書と同じデータ系列を作成することはできませんので注意してください)。

さて、データの作成に取りかかりましょう。まず、単位根を持つ変数 y_1 を作成します。メニューバーにある Add ⇒ Define new variable と続け、変数を作成するボックスが現れたら「series y1=0」と入力します。メニューバーにある Sample ⇒ Set range を選択して、スタートの時点を 2 に変更します (図7-4-a 参照)。さらに、もう一度メニューバーにある Add ⇒ Define new variable をクリックして、「series y1= y1(-1)+ e_1」と入力します (図7-4-b 参照)。最後に、Sample ⇒ Set range を選択して、初期時点を 1 に戻します。

同様な方法で、今度は定常な変数 y_2 を作成しましょう。まったく同じ手続きですが、最後の変数作成では（図7-4-bに該当する場所）「series y2=0.9*y2(-1)+ e_1」と入力するところだけが違います。

作成した変数 y_1 と y_2 の推移を示したものが図7-5です。これから、当初は y_1、y_2 とも似通った動きをしていましたが、単位根を持つ変数 y_1 は次第に変動が大きくなり、またその水準も絶対値でみて大きくなっていることがわかります。この2つの変数の動きを眺めると、現実経済のデータにもありそうに思えますが、図に表しただけでは単位根を持つ変数なのか、そうでないのかという判断を下すのは難しそうです。そこで、単位根を持つかどうかの検定を行うことになります。

7.1.5 単位根検定の考え方

あるデータ系列が単位根を持つかどうかは、(7-3)式を推定し、推定に際して得られた検定統計量（t 値など）を用いて $\phi=1$ かどうかの検定を行うのですが、その検定統計量の分布が特殊なものとなるため、第3章で紹介した t 検定をそのまま適用することはできません（その理由に関しては本書の範囲を超えますので、興味ある読者は田中 2006 のような専門書を参照してください）。そのため、その判定はさまざまな数値シミュレーションによって作成された統計表をもとに判断します。また、検定を行う場合、残差に系列相関が残っている場合などさまざまな状況に応じて多くの検定方法が考案されています。ここでは、gretl で簡単にできる ADF 検定について説明します。

単位根検定を説明する前に、(7-3)式を一般化します。(7-3)式には定数項がありませんでした。また、トレンド定常を説明したように、変数の中にはトレンドを内在しているものもあります。そこで(7-3)式の一般化として、(7-4)式を提示しておきます。

$$y_t = c + \phi y_{t-1} + \gamma t + \varepsilon_t \qquad (7\text{-}4)$$

この式で t はトレンド項を表します。(7-4)式の両辺から y_{t-1} を引いて $\Delta y_t = y_t - y_{t-1}$ とすると、(7-5)式が得られます。

$$\Delta y_t = c + \alpha y_{t-1} + \gamma t + \varepsilon_t \qquad \text{ただし、} \alpha = \phi - 1 \qquad (7\text{-}5)$$

(7-5)式を推定して、帰無仮説 $H_0: \alpha = 0$ を検定します（単位根を持つというのが帰無仮説です）。このときの検定統計量は

$$t_\alpha = \hat{\alpha}/(se(\hat{\alpha})) \qquad (7\text{-}6)$$

となります。この統計量は通常の t 値に似ていますが、しかし上で説明したように t 分布に従うわけではありません。そこで、この検定を開発したDickey と Fuller による統計表で判断します。これが開発者の名前をとった **DF 検定**です。

しかしながら、DF 検定は、誤差項に系列相関がある場合には適切な判断ができないことがわかっています。そのため、DF 検定の修正版としてAugmented Dickey-Fuller 検定、略して **ADF 検定**が考案されました。具体的には(7-5)式の代わりに(7-7)式を推定します。

$$\Delta y_t = c + \alpha y_{t-1} + \gamma t + \beta_1 \Delta y_{t-1} + \beta_2 \Delta y_{t-2} + \cdots + \beta_p \Delta y_{t-p} + \varepsilon_t \qquad (7\text{-}7)$$

ここでラグ次数 p を決定しなければなりませんが、**AIC** もしくは **SBIC** と表記される**情報量基準**の値がもっとも小さくなる p を選択するなどの方法があります。ただし、こうした手続は初心者に厄介ですので、gretl などの統計ソフトでは自動的に処理してくれます。

単位根検定を進める際、決定すべきことは定数項やタイムトレンドの項を加えるかどうかです。その基準はなかなか難しいのですが、折れ線グラフなどを用いて、そのデータが時間とともに上方もしくは下方に推移する傾向が強い場合には、定数項を入れるとよいでしょう。実際には、定数項を入れた場合、外した場合の 2 つのパターンで単位根検定を行うことが一般的です。

7.1.6　gretl で単位根検定

では、実際に単位根検定を実行してみましょう。まずは、7.1.2項で用いた四半期ベースの GDP 成長率と失業率に適用してみましょう。データ・ファイルは c71.gdt でした。最初に GDP 成長率（GDPG）に対して単位根検定を行います。データ・ファイル上で GDPG を選び、Variable $\Rightarrow$

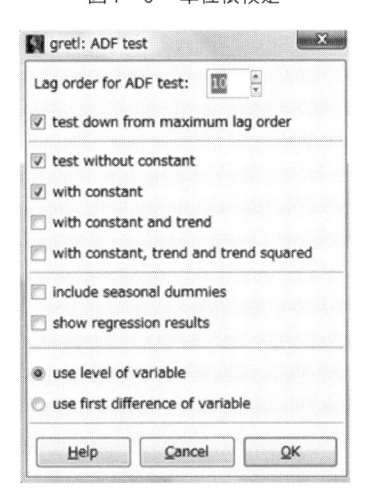

図7-6 単位根検定

Unit root tests ⇒ Augmented Dickey-Fuller test の順にクリックしていきます。すると図7-6のようなメニューが現れます。上方にある Lag order for ADF test に10とありますが、これは上述したラグ次数の決定に際して $p=10$ から順番に推計を行い、徐々に p の値を減らして、最も適切なラグ次数となった場合の結果を表示するという意味です。また、図7-6には定数項を入れない場合と入れた場合の2通りの検定を行うようにチェックが入っています。

図7-7は単位根検定の結果です。上段の結果は定数項なしの場合ですが、検定統計量は -2.156 でした。その p 値をみると（図内の矢印参照）0.0299と5％有意水準を下回っています。帰無仮説は単位根を持つというものでしたから、帰無仮説は棄却され、GDP成長率は定常であると考えられます。定数項を付した場合の検定統計量は -3.677、また p 値は0.0045ですから、この場合も帰無仮説は棄却されています。

一方、失業率はどうでしょうか。まったく同じ手続を行うと、定数項なしの場合の検定統計量は0.2808、p 値は0.7674、また定数項を加えた場合の検定統計量は -2.109、p 値は0.2412となり、帰無仮説は棄却できませ

図 7-7 単位根検定の結果

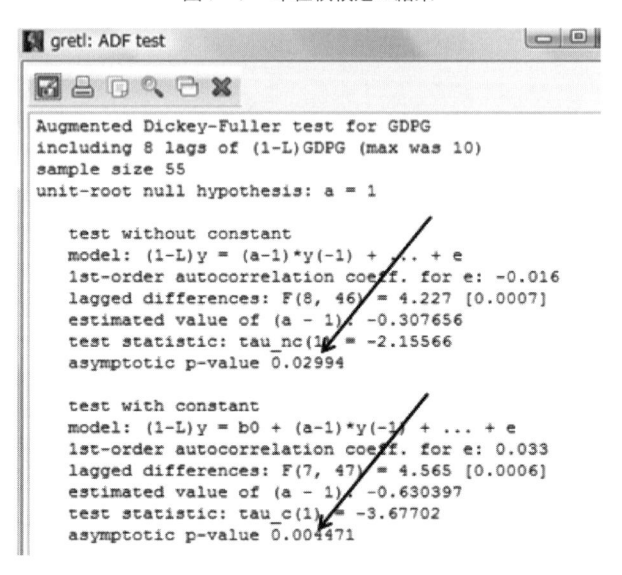

```
gretl: ADF test

Augmented Dickey-Fuller test for GDPG
including 8 lags of (1-L)GDPG (max was 10)
sample size 55
unit-root null hypothesis: a = 1

  test without constant
  model: (1-L)y = (a-1)*y(-1) + ... + e
  1st-order autocorrelation coeff. for e: -0.016
  lagged differences: F(8, 46) = 4.227 [0.0007]
  estimated value of (a - 1): -0.307656
  test statistic: tau_nc(1) = -2.15566
  asymptotic p-value 0.02994

  test with constant
  model: (1-L)y = b0 + (a-1)*y(-1) + ... + e
  1st-order autocorrelation coeff. for e: 0.033
  lagged differences: F(7, 47) = 4.565 [0.0006]
  estimated value of (a - 1): -0.630397
  test statistic: tau_c(1) = -3.67702
  asymptotic p-value 0.004471
```

ん。したがって、失業率は単位根を持つと考えられます。

7.2 ARMA モデルとその推定

　定常性や単位根の有無といった時系列データの性質は、これから述べるARMA モデルの推定の前提条件になります。ここでは ARMA モデルの概要と gretl を用いた推定について説明します。

7.2.1 ARMA モデルの概要

　前節で述べてきたように、定常な時系列データは自己相関を持ち、それはコレログラムによって表現できました。この考え方を一歩進めると、現在のデータの値を、過去のデータの値で説明ができるという考え方に到達します。(7-8)式を見てください。これは時点 t の y の値を、p 期までの過去の値と撹乱項によって表現しようとするモデルです。

$$y_t = c + \phi_1 y_{t-1} + \phi_2 y_{t-2} + \cdots + \phi_p y_{t-p} + \varepsilon_t \tag{7-8}$$

(7-8)式のようなモデルを **p 次の自己回帰モデル**（Autoregressive model）、通称 **AR(p) モデル**と言います。なお、AR(p)モデルでラグ次数 p を定めるときに役に立つのがコレログラムです。GDP 成長率を推定しようとすると、図 7 - 2 - a などにある自己相関係数を情報として、有意な相関があるところまでの次数を選ぶ、といった使い方をします。

　ここで簡単な AR(1) モデルを考えてみましょう。

$$y_t = \phi y_{t-1} + \varepsilon_t \tag{7-9}$$

この式を少し変形していきましょう。(7-9)式が成立しますから、1 期前にずらして $y_{t-1} = \phi y_{t-2} + \varepsilon_{t-1}$ という式も成り立つはずです。これを(7-9)式に代入すると $y_t = \phi^2 y_{t-2} + \phi \varepsilon_{t-1} + \varepsilon_t$ となります。さらにこれを進めると、$y_t = \phi^3 y_{t-3} + \phi^2 \varepsilon_{t-2} + \phi \varepsilon_{t-1} + \varepsilon_t$ が得られます。これを順々に繰り返していくと $y_t = \phi^p y_{t-p} + \sum_{s=0}^{p-1} \phi^s \varepsilon_{t-s}$ となります。ここで $p \to \infty$ とすれば、$0 < \phi < 1$ から次の(7-10)式が成立します。

$$y_t = \sum_{s=0}^{\infty} \phi^s \varepsilon_{t-s} = \varepsilon_t + \phi \varepsilon_{t-1} + \phi^2 \varepsilon_{t-2} + \cdots \tag{7-10}$$

驚くべきことに、(7-9)式と(7-10)式はまったく同じもので、片方は 1 次の自己回帰モデル、もう片方は攪乱項の無限加重和で表されています。ここで、(7-9)式の攪乱項は平均 0 で、自己共分散が 0 であるホワイト・ノイズです。

　再度確認すると、定常な時系列データ y は、自己回帰モデルでも、攪乱項を用いた無限加重和のモデルでも、どちらでも表現できるということになります。言い換えると、ホワイト・ノイズの加重和で定常な時系列のデータを記述することができるということです。

　(7-11)式は **q 次の移動平均モデル**（Moving Average）、通称 **MA(q) モデル**と呼ばれます。

$$y_t = \varepsilon_t + \theta_1 \varepsilon_{t-1} + \theta_2 \varepsilon_{t-2} + \cdots + \theta_q \varepsilon_{t-q} \tag{7-11}$$

MA(q) モデルの解釈は難しいところがあります。それはホワイト・ノイズである ε が観測不能だからです。しかし AR(p) モデルと組み合わせて、

AR(p)モデルを構成する攪乱項からMA(q)モデルを再構成すると考えると、イメージが湧くのではないでしょうか。そこで、(7-8)式と(7-11)式を組み合わせて(7-12)式のモデルを考えます。

$$y_t = c + \phi_1 y_{t-1} + \phi_2 y_{t-2} + \cdots + \phi_p y_{t-p} + \varepsilon_t + \theta_1 \varepsilon_{t-1} + \theta_2 \varepsilon_{t-2} + \cdots + \theta_q \varepsilon_{t-q}$$
(7-12)

これを**自己回帰移動平均モデル**と言い、**ARMA(p, q)**と表現します。

時系列データの分析では、AR(p)モデル、MA(q)モデル、さらにはこのARMA(p, q)モデルを用いてその係数を推定するとともに、将来の予測などを行います。

7.2.2　gretlでARMAモデルを推定

では、実際にgretlを用いてARMA(p, q)モデルの推定を行なってみましょう。対象は前節で用いたGDP成長率です。GDP成長率は単位根検定の結果、単位根があるという帰無仮説が棄却されていますので、定常なデータであるとみなせます。

まずは自己回帰モデルを推定しましょう。最初にラグ次数pを決めなければなりません。そのための1つの情報源は、図7-2-aにあるコレログラムです。これを見ると$p=10$あたりまで自己相関係数の絶対値が比較的大きいこと、またこのデータが四半期ベースであることなどから、$p=4$もしくは$p=8$が候補となるでしょう。こうした方法でラグ次数pを定める他、$p=1$から次第に$p=2$、$p=3$、… とラグ次数を高め、その係数の推定値が有意でなくなるまでこれを続ける、といった方法もあります。

まずはデータ・ファイルc71.gdtを用いて、GDPG変数のAR(4)モデルを推定してみましょう。データ・ファイルのメニューバーにあるModel ⇒ Time series ⇒ ARIMAと選んでください（ARMAではなくARIMAとなっているのは、あとで説明します）。すると、図7-8のようなボックスが現れます。ここで推定する変数であるGDPGを選択し、次いでボックスの中央にあるAR orderを4、MA orderを0に変更してOKをクリックします。推定結果は図7-9-aにあるとおりです。

図7-8　AR(4)モデルの推定

図7-9　モデルの推定結果

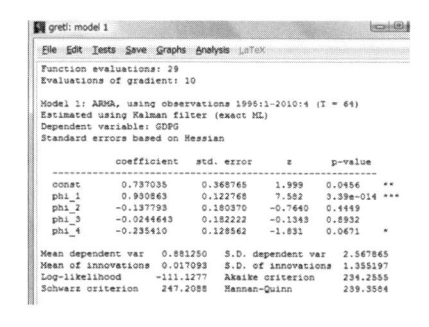

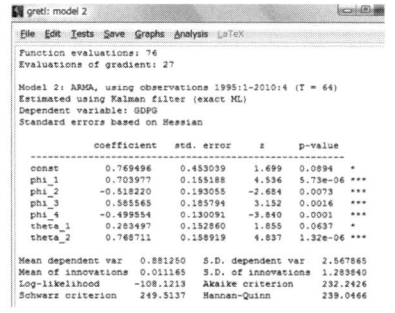

図7-9-a　AR(4)モデルの推定結果　　図7-9-b　ARMA(4,2)モデルの推定結果

　次に、AR(4)モデルをARMA(4,2)モデルに変更してみましょう。変更の仕方は図7-8のMA orderを2に変更するだけです。推定結果は図7-9-bにありますので、確認してください。

7.2.3 gretlでARIMAモデルを推定

　変数が定常でない場合には、どのように推定すればいいのでしょうか。1つの方法は、単位根を持つ変数では、その多くが1階の階差を取ると定常になるという性質を利用するものです。例えば、単位根を持つという帰無仮説を棄却できなかった失業率URを取り上げてみましょう。

　1階の階差を取るということは、(7-13)式のような操作を加えてdUR_tという変数を作成することを意味しています。

$$dUR_t = UR_t - UR_{t-1} \qquad (7\text{-}13)$$

実際にgretlでdUR_tを作成して単位根検定を行うと、定数項のない場合には検定統計量のp値が1％以下になり、単位根を持つという帰無仮説を棄却することができます。そこで、この階差を取った変数を対象に自己回帰移動平均モデルを推定すればいいのです。

　しかし、実際に1階の階差を取ってから推定を行うのは面倒です。そこで、ARMAモデルの推定の場面で、1階の階差変数を対象とした操作を同時に行うことを考えます。1階の階差を取った自己回帰移動平均モデルを自己回帰和分移動平均モデル（Autoregressive integrated moving average model）と言い、ARIMA(p, d, q)で表します。ここで和分とは、1階の階差を取ることは差分ですので、差分を行う前のモデルであるということを意味します。ARIMA(p, d, q)のdは階差を取る階数です。1階の階差であれば$d=1$、さらにそれでも定常性が確認できなければさらに階差を取ることになります。

　gretlで失業率（UR）を対象に、ARIMA$(2,1,0)$モデルを推定してみましょう。手順は先ほどの図7-8と同じです。ただし、選択する変数がURになり、またAR orderは2、MA orderは0にして、Differenceを1に設定してください。その推定結果は図7-10にあります。なお、(7-13)式で作成したdUR_tという変数に対してARMA$(2,0)$モデルを推定しても同じ結果が得られます。ぜひ確認してみてください。

図 7-10　ARIMA(2,1,0) モデルの推定結果

```
File  Edit  Tests  Save  Graphs  Analysis  LaTeX

Function evaluations: 25
Evaluations of gradient: 6

Model 6: ARIMA, using observations 1995:2-2010:4 (T = 63)
Estimated using Kalman filter (exact ML)
Dependent variable: (1-L) UR
Standard errors based on Hessian

              coefficient   std. error      z      p-value
  ---------------------------------------------------------
  const         0.0291347   0.0241583    1.206    0.2278
  phi_1         0.174594    0.118189     1.477    0.1396
  phi_2        -0.362498    0.117118    -3.095    0.0020   ***

Mean dependent var    0.026984   S.D. dependent var    0.247051
Mean of innovations  -0.000276   S.D. of innovations   0.225982
Log-likelihood        4.157562   Akaike criterion     -0.315123
Schwarz criterion     8.257416   Hannan-Quinn          3.056498
```

7.3　共和分の考え方と共和分検定

　マクロ経済変数は常に定常なデータであるとは限りません。時系列分析では定常性が重要な前提条件となりますが、単位根を持つような非定常なデータが多い場合はどのように対応すればよいでしょうか。ここでは、非定常なデータ同士の関係から生じる共和分の考え方とその応用について説明します。

7.3.1　共和分の考え方

　マクロ変数には単位根を持っている変数が少なくありません。その場合、(7-13)式のように1階の階差を取って対応すべきでしょうか。1階の階差を取ることで定常性が得られたとしても、実際には変数の水準そのものにも重要な情報が含まれていますので、その情報を失うことになります。
　先ほどの失業率の例を考えてみましょう。失業率の階差を取るということは、失業率の変化分を考えるということです。失業率の変化も経済政策にとっては大事な情報ですが、しかし失業率の水準そのものの議論も重要です。階差を取らず、かつ非定常なデータの性質を保ったまま時系列分析

を進める方法はないでしょうか。

共和分という考え方は以上の点をうまく解決し、またマクロ経済変数同士の長期関係を表すことができるという意味で、非常に有用なものです。少し抽象的ですが、共和分の考え方を説明していきましょう。

単位根を持ち、1階の階差を取ると定常になる変数を I(1) 変数と表記しましょう。この表記に従えば、定常な変数は I(0)、また2階の階差を取って定常になる変数は I(2) と書くことができます。以下では、I(1) 変数を対象としましょう。単位根を持つ2つの変数が I(1) 変数であるとして、これを x_t, y_t とします。このとき、次のような一次結合を考えます。

$$u_t = y_t - \alpha x_t \tag{7-14}$$

α は何らかのパラメータです。このとき u_t が定常な性質を持っている場合、x_t, y_t は**共和分**している (cointegrated) と言い、α を**共和分ベクトル** (ここではスカラーですが) と言います。ここでは I(1) 変数の一次結合が I(0) 変数になることが共和分であるとしましたが、より一般的には I(d) 変数の一次結合が I(s) 変数となり、$s < d$ であればこれも共和分です。経済変数の多くは I(1) 変数と考えていいでしょう。

さて、共和分にはどのような意味があるのでしょうか。一般に共和分関係にある非定常な変数同士は、長期均衡関係を持つと考えられています。言い換えると、短期的にはそれぞれの変数は勝手に変動しているように見えますが、長期的には (7-14) 式に見られる長期均衡関係を持ち、一時的にこの関係から離れても、再び均衡状態に戻ってくるということです。なお、共和分関係が認められるとき、(7-14) 式は**共和分方程式**と呼ばれます。

複数の I(1) 変数の間に共和分の関係があるかどうかについては、どのように判断すればいいでしょうか。共和分の考え方とともにさまざまな検定方法が考案されています。ここでは Engle-Granger (エングル＝グレンジャー) 検定を紹介しておきます (その他により精緻な Johansen (ヨハンセン) の検定がありますが、その説明は本書の水準を超えますので、前掲の田中 2006 などを参照してください)。

エングル＝グレンジャー検定の考え方はシンプルです。(7-14) 式の u_t

を攪乱項と考えて推計し、その残差として得られた系列が定常であるかどうかを検定すればいいのです。したがって、すでに述べた単位根検定の、いわば応用版です。

7.3.2 gretlで共和分検定

実際に共和分検定を行ってみましょう。長期均衡関係の有無を調べることが共和分検定の目的ですので、それに即したデータを選びます。ここでは所得と消費の間の関係を取り上げます。国民経済計算から得た1995年第一四半期から2010年第一四半期までの国内総生産と民間最終消費支出（いずれも実質連鎖方式のデータ）を、対数に変換した系列を使います（c73.gdtのデータ・ファイルにあります）。それぞれの変数名はGDP、CPで、その対数変換した変数はl_GDP、l_CPです。

エングル＝グレンジャーの共和分検定を行うステップは次のとおりです。

［1］単位根検定により対象とする変数がI(1)変数であるかどうかを調べます。

［2］I(1)変数同士であれば(7-14)式（定数項を加えてもかまいません）を推定し、残差系列を求めます。

［3］その残差系列について単位根検定を行い、定常であれば共和分が存在することになります。

実際にgretlで共和分検定を行ってみます。データ・ファイルのメニューバーから、Model ⇒ Time series ⇒ Cointegration test ⇒ Engle-Grangerと進んでください。すると、図7-11のようなボックスが開きます。ここでは共和分を検定するl_GDPとl_CPを選択してOKをクリックします。

この手続を進めると、gretlは最初に［1］にあるl_GDPとl_CPの単位根検定を行います。図7-12では［1］の手順を割愛していますが、step 1で［2］の共和分方程式を推定し、step 2では残差の単位根検定を行っています。ちなみにl_GDP、l_CPともに、単位根があるという帰

第Ⅱ部 応用編

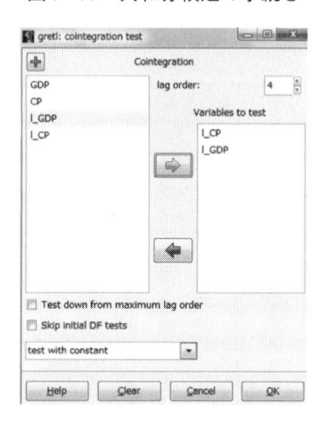

図7-11 共和分検定の手続き

図7-12 共和分検定の結果

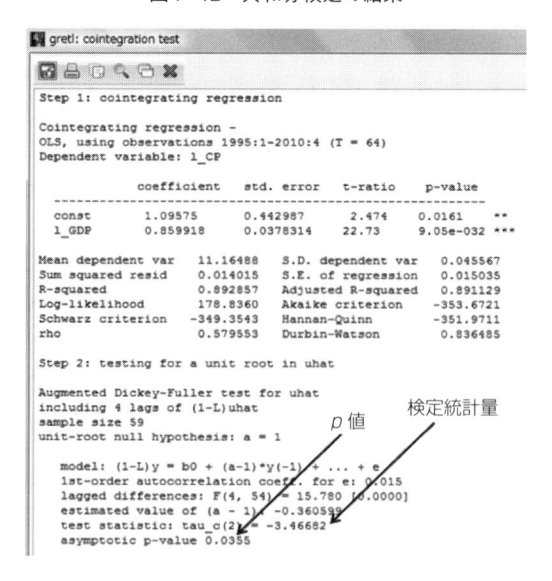

無仮説は棄却できませんでした。

　図7-12の結果を見ると、残差系列の単位根検定の検定統計量は−3.467でp値は0.0355でした。有意水準5％で残差系列が単位根を持っているという帰無仮説は棄却され、ここから、GDPと消費の間に長期的

な均衡関係（＝共和分の存在）が示唆されます。

7.4 ベクトル自己回帰（VAR）モデル

7.2節で紹介した自己回帰（AR）モデルでは、自己の変数のみを扱っていました。しかし現実の経済を分析するには、複数の変数間の関係に着目する必要があります。ここでは、それら複数の変数をまとめて自己回帰モデルを作成し、相互の関係に関する分析方法を紹介します。ベクトルという言葉は「複数の変数を1つにまとめる」という意味で捉えてください。

7.4.1 VARモデルの概要

まずはVARモデルに関して説明しておきましょう。1変数のARモデルは(7-8)式で表現されました。ここでは説明を簡単にするため、ラグ次数は1期だけのARモデルを示しておきます。

$$y_t = c + \phi_1 y_{t-1} + \varepsilon_t \tag{7-15}$$

ここで、変数 y が複数の変数を含むベクトルであったらどのように表現されるでしょうか。(7-15)式の y は x、y、z の3つの変数のベクトルであるとすると、(7-15)式は以下のようになります。

$$\begin{bmatrix} x_t \\ y_t \\ z_t \end{bmatrix} = \begin{bmatrix} c_1 \\ c_2 \\ c_3 \end{bmatrix} + \begin{bmatrix} \phi_{11} & \phi_{12} & \phi_{13} \\ \phi_{21} & \phi_{22} & \phi_{23} \\ \phi_{31} & \phi_{32} & \phi_{33} \end{bmatrix} \begin{bmatrix} x_{t-1} \\ y_{t-1} \\ z_{t-1} \end{bmatrix} + \begin{bmatrix} \varepsilon_{1t} \\ \varepsilon_{2t} \\ \varepsilon_{3t} \end{bmatrix} \tag{7-16}$$

見た目は複雑そうですが、構造は(7-15)式と同じであることがわかるでしょう。しかし今回は3つの変数で構成されていますので、変数 y に関する式は(7-17)式となります。

$$y_t = c_2 + \phi_{21} x_{t-1} + \phi_{22} y_{t-1} + \phi_{23} z_{t-1} + \varepsilon_{2t} \tag{7-17}$$

すなわち、時点 t の y の値には時点 $t-1$ の y のみならず、x、z の変数も影響している、という定式化になります。これが**ベクトル自己回帰モデル**（Vector Autoregressive model）、略して **VAR モデル**です。

VARモデルは一般に最小二乗法で推定を行います。ただし、注意しなければならない点は、各変数が定常でなければならないということです（定常でない変数同士でも、共和分の関係が成立すれば、ベクトル誤差修正モデルという形式で推定ができますが、これは本書の範囲を超えますので取り上げていません）。したがって、VARモデルを組み立てる前には、まずは単位根検定を行い、定常であることを確認してから推定を行います。もし定常でない（単位根を持つ）変数があれば、1階の階差を取るなどして定常な変数にしてからVARモデルを組み立てます。

　VARモデルの利用方法には、現在や将来の値の予測などがありますが、もっとも頻繁に用いられるのは、ある変数に生じたショックが、他の変数にどのような影響を与えるかを検証するというものです。そのためにインパルス応答関数を計算します。

　インパルス応答関数とは、(7-16)式に即して述べれば、xに対する外部からのショック（これはxの攪乱項ε_{1t}に及ぼすショックとなります）が、他の変数にどのような影響を及ぼすかを計算したものです。変数xの式を展開すると、

$$x_t = c_1 + \phi_{11} x_{t-1} + \phi_{12} y_{t-1} + \phi_{13} z_{t-1} + \varepsilon_{1t} \qquad (7\text{-}18)$$

となります。したがって、時点tにおいてε_{1t}にショックが加われば、これはx_tに影響します。すると、これは(7-17)式を通じて（tを$t+1$に、また$t-1$をtと読み替えると）、時点$t+1$期においてy_{t+1}に影響を与えます。また、x_tの変化はz_{t+1}にも影響しますので、時点$t+2$ではx_{t+1}、y_{t+1}、z_{t+1}の変化を伴ってx_{t+2}に影響を与えることになります。このような複雑な相互依存関係を整理したものがインパルス応答関数です。gretlはこうした複雑な計算を簡単に整理してくれます。

　なお、一般にxの攪乱項ε_{1t}に与えるショックの程度としては、(7-18)式で推定された方程式の残差の1標準偏差の大きさが用いられます。また、インパルス応答関数の考え方から、最初にショックを与える変数は、VARモデルの変数の中でもっとも経済連鎖の入り口となりそうな変数とします。gretlでVARモデルを推定したりインパルス応答関数を計算し

たりする場合には、経済連鎖の始まりとなりそうな変数から並べる、という原則を覚えておいてください。

7.4.2 グレンジャー因果性の検定

VAR モデルと関連するもう1つ重要な概念として、**グレンジャー因果性**があります。因果性とは原因と結果の関係を示すものですが、グレンジャー因果性とは一般的な意味での因果性ではありません。ある変数（例えば x）を説明する場合に、その変数の過去の値だけを説明変数とするよりも、他の変数（例えば y と z）の過去の値を説明変数に加えたほうが説明力が増す場合に、グレンジャーの意味で因果があると言います。言い換えれば、1変数の自己回帰モデルよりもベクトル自己回帰モデルを利用したほうが、特定の変数の説明力が増すかどうかを指すものです。

グレンジャー因果性検定には F 検定が使われます。(7-15)式と(7-17)式を用いて説明しましょう。最初に(7-15)式を推定します。この式は(7-17)式で $\phi_{21}=\phi_{23}=0$ という制約を課したものと解釈できます。このときの残差二乗和を RSS とします。次に(7-17)式を推定し、その残差二乗和を USS とします。このとき、(7-19)式は自由度 (p, q) の F 分布に従うことが知られています。

$$F(p, q) = \frac{(RSS - USS)/p}{USS/q} \tag{7-19}$$

ここで p は VAR モデルのラグ次数（上の例では1）、また $q = T - mp$（T はサンプル数、m は変数の数、上の例では3）です。

7.4.3 gretl で VAR モデル

いよいよ実際に VAR モデルを推定しましょう。gretl では VAR モデルも簡単に推定し、グレンジャー因果性の検定やインパルス応答関数の算出を行ってくれます。

データは7.1節で使用した実質経済成長率と失業率を使います（c71.gdt）。一般に経済成長率が高まれば失業率が低下すると考えられます。失

図7-13　VARモデルの推定

業率のデータには単位根が認められましたので、1階の階差をとったデータを用います。

データ・ファイルのメニューバーから Model ⇒ Time series ⇒ Vector Autoregression と進みます。すると、図7-13のようなボックスが現れますので、GDPG、dUR（URの1階の階差変数）の順序で Endogenous variables に加えます。また、ここではラグ次数を2としたいので、上部にある lag order を2に変更します。あとは OK をクリックしてください。

図7-14は VAR モデルの推定結果と、グレンジャー因果性検定の結果の一部を示したものです。GDPG（経済成長率）を説明する方程式では、残念ながら dUR（失業率の変化）は有意に影響を与えていません。そのため、矢印にある All lags of dUR で示されたように、dUR は GDPG に対してグレンジャーの意味での因果性は認められませんでした。一方、dUR を説明する方程式では、矢印にある All lags of GDPG にあるように、GDPG は dUR に対して有意に説明力を持っていました。

次はインパルス応答関数の算出です。インパルス応答を示すメニューはいくつかあるのですが、ここではグラフに落としたものを見てみましょう。図7-14にある VAR モデルの推定結果を示す画面のメニューの中で、Graphs ⇒ Impulse response（combined）と進み、現れたボックスの中の

図7-14　VARモデルの推定結果とグレンジャー因果性検定

```
Equation 1: GDPG

              coefficient   std. error    t-ratio    p-value
  ----------------------------------------------------------------
  const         0.355745      0.210690     1.688    0.0969    *
  GDPG_1        1.09545       0.121800     8.994    1.85e-012 ***
  GDPG_2       -0.450406      0.124507    -3.618    0.0006    ***
  dUR_1        -1.29379       0.825104    -1.568    0.1225
  dUR_2        -0.441715      0.823868    -0.5361   0.5940

Mean dependent var    0.840984   S.D. dependent var    2.612941
Sum squared resid   118.1571    S.E. of regression    1.452566
R-squared             0.711564   Adjusted R-squared    0.690962
F(4, 56)             34.53765   P-value(F)            1.59e-14
rho                  -0.091318   Durbin-Watson         2.130688

F-tests of zero restrictions:

  All lags of GDPG           F(2, 56) =    50.172 [0.0000]
  All lags of dUR            F(2, 56) =     1.3427 [0.2694]
  All vars, lag 2            F(2, 56) =     6.5461 [0.0028]

Equation 2: dUR

              coefficient   std. error    t-ratio    p-value
  ----------------------------------------------------------------
  const         0.0953527     0.0282276    3.378    0.0013    ***
  GDPG_1       -0.0661188     0.0163184   -4.052    0.0002    ***
  GDPG_2        0.00969421    0.0166812    0.5811   0.5635
  dUR_1        -0.0204242     0.110545    -0.1848   0.8541
  dUR_2        -0.565192      0.110380    -5.120    3.88e-06  ***

Mean dependent var    0.027869   S.D. dependent var    0.251085
Sum squared resid     2.120913   S.E. of regression    0.194611
R-squared             0.439301   Adjusted R-squared    0.399251
F(4, 56)             10.96883   P-value(F)            1.23e-06
rho                  -0.128951   Durbin-Watson         2.254392

F-tests of zero restrictions:

  All lags of GDPG           F(2, 56) =    14.450 [0.0000]
  All lags of dUR            F(2, 56) =    13.110 [0.0000]
  All vars, lag 2            F(2, 56) =    13.882 [0.0000]
```

　forecast horizon（何期先までのインパルス応答関数を計算するかを指定するものです）を10に変更して得たグラフが、図7-15です。

　インパルス応答関数は4つのグラフで示されていますが、GDPG -> dURとある右上のグラフに注目してください。これはGDPGを引き上げる何らかの外部ショックが生じると、4～5期（四半期データですのでほぼ1年間）にわたり失業率の変化分をマイナスにする（失業率を改善する）影響が生じることを示しています。dUR -> GDPGについては解釈が難しいのですが、失業率の変化分の上昇（失業率の悪化）は、経済成長率の低下に伴っているとみていいでしょう。

　ここでのVARモデルの例は2変数ですので、ショックの波及経路はシンプルですが、変数がさらに増えるとショックの経路も複雑になり、それだけインパルス応答関数の利便性が増すはずです。

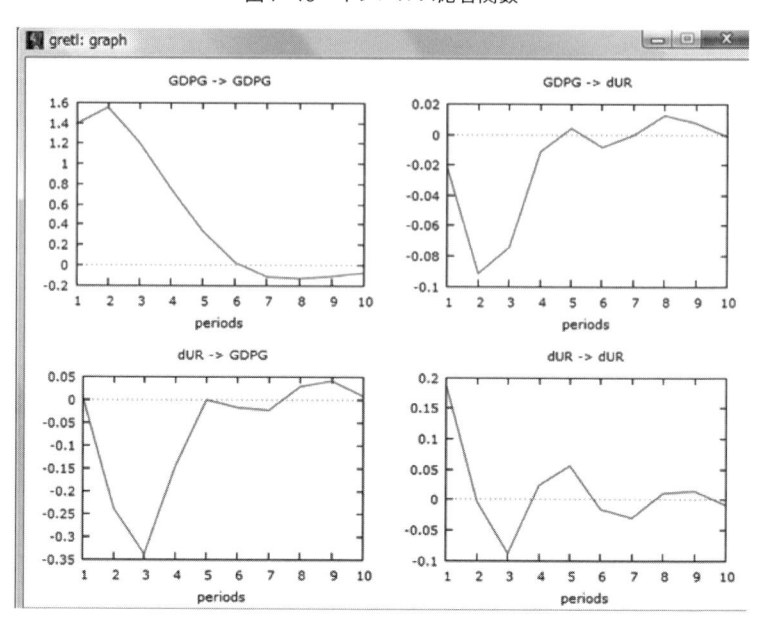

図7-15 インパルス応答関数

本書は初心者向けという性格上、共和分に関するより専門的な説明やベクトル誤差修正モデルなど、実際の研究現場で用いられている時系列分析のツールにまで紹介を進めることができませんでした。機会があれば、より詳細でさらに実践的な解説ができればと思っております。以上の説明で飽き足らない読者は、ぜひ専門的な時系列分析のテキストを紐解いてください。

第7章のまとめ

○ 最小二乗法の対象とするデータは、**定常**でなければなりません。定常かどうかの判断には、**自己相関係数**などが役に立ちます。自己相関係数全体の集まりを**コレログラム**と言います。

○ 次の時点の値がランダムに決まるデータ系列を**ランダム・ウォーク**と言い、そのような時系列データは**単位根を持つ**と表現されます。

○ 単位根を持つデータに最小二乗法を適用すると、誤った結論を導く可能性があります。単位根の有無については、**ADF検定**などの**単位根検定**で判断します。

○ 定常な時系列データに対しては、現在のデータの値を過去のデータの値で説明するといった**自己回帰（AR）モデル**や、**自己回帰移動平均（ARMA）モデル**などが適用できます。

○ 単位根を持つ時系列データでは、1階の階差を取ることで定常なデータに変換することができます。

○ **共和分**とは、非定常なマクロ経済変数同士の長期的な関係を指します。共和分の検定には**エングル＝グレンジャー検定**などがあります。

○ **VARモデル**とは、複数の変数をまとめて自己回帰モデルを作成し、分析する手法です。

○ VARモデルを用いて、ある変数に生じたショックが他の変数にどのような影響を与えるかを検証することができます。そのために**インパルス応答関数**を計算します。

○ その変数の過去の値だけを説明変数とするよりも、他の変数の過去の値を説明変数に加えたほうが説明力が増す場合、**グレンジャーの意味で因果がある**と言います。

第Ⅱ部　応用編

第7章で使用したgretlのデータ・ファイル

c71.gdt　：7.1、7.2節で使用した実質経済成長率と失業率のデータです。

c71b.gdt：7.1節で使用した人工的に作成した定常なデータ、および単位根を持つデータが含まれています。

c73.gdt　：7.3節で使用した国内総生産（GDP）と民間消費のデータです。共和分検定に使用しました。

III

マクロ計量モデル編

第8章 gretl で二段階最小二乗法と IS-LM 分析

　ここまでは、基本的には1本の方程式を推定する問題を考えてきました。しかし、マクロ経済学で扱う経済モデルのように、複数の方程式を連立させて分析するケースも多くあります。本章では、こうした問題を扱う際に課題となる内生性バイアスや、その対処法としての二段階最小二乗法を説明し、さらにその実践として IS-LM 方程式の推定を行います。

8.1　内生性バイアスとマクロモデル

　最小二乗法では、説明変数と攪乱項は無相関であることが前提でした。しかし、現実には両者が相関する可能性もあります。とりわけマクロモデルを考える場合には両者の相関が大きな課題となり、これにいかに対処するかが問われることになります。

8.1.1　内生性バイアスとは？

　第3章の古典的回帰モデルの［仮定1］では、説明変数は非確率変数であり、ある値に固定されたものとしました。しかしながら現実には説明変数も確率変数であり、その確率分布を考えることが必要となります。例えば、所得を説明変数として消費関数を推定する場合、被説明変数である消

費が確率変数であるにもかかわらず、消費と投資の合計などで表される所得が非確率変数であるということは考えにくいでしょう。消費も所得も何らかの確率分布を持つ確率変数として解釈するほうが、自然なのです。

その場合、説明変数と攪乱項が無相関である保証はありません。もし両者が相関していれば、最小二乗法で得られたパラメータの推定値は一致性を持たないことが知られています。**一致性**というのは、サンプル数を無限に増やせば、推定されたパラメータの推定値$\hat{\beta}$は真の値βと一致するという性質です。これまでは不偏性という性質のみを取り上げてきました。不偏性とは、何回も実験を繰り返し、そこから得られたデータをもとにして推定されたパラメータの値$\hat{\beta}$の平均値が、真の値βと等しくなるというものです。現実の経済を考える場合、繰り返しの実験を行うことはできません。したがって、不偏性を前提とするよりも、サンプル数をできるだけ増やして一致性を目指すことのほうが適切な戦略となります。その場合、一致性が保証されないとなれば、推定自体に大変な欠陥を有することになります。

説明変数と攪乱項が相関していると一致性が失われます。では、どういった原因で両者に相関が生じるのでしょうか。一般には、① 系列相関、② 計測誤差、③ 内生性（同時性）バイアスなどがその原因であると言われています。系列相関についてはすでに第4章でみました。また、計測された観測値と真の値との間に誤差がある場合にも、説明変数と攪乱項が相関することが知られています。ここで注目したいのは、③の内生性バイアスです。

内生性バイアスとは、説明変数と被説明変数が同時に決定される状況にある場合に生じる問題です。一般に最小二乗法での推定は、説明変数が先に定まり、それにより被説明変数が決定されるという構造を持つのですが、説明変数も被説明変数も同時に決定される場合には、説明変数と攪乱項が相関を持つことになります。文章で説明してもわかりにくいと思いますので、簡単なマクロモデルで説明してみましょう。

8.1.2 シンプルなマクロモデル

　マクロ経済学の初歩では、絶対所得仮説（ケインズ型消費関数）によって消費が決定し、消費と投資の合計で所得が定まるという、シンプルなマクロモデルが使われます。(8-1)式、(8-2)式がそのモデルになります。

$$C_t = \alpha + \beta Y_t + u_t \quad \text{ただし、} 0 < \beta < 1 \quad (8\text{-}1)$$

$$Y_t = C_t + I_t \quad (8\text{-}2)$$

ここで、C は消費、I は投資、Y は所得、u は攪乱項とします。

　いま、何らかの外部からのショック（自然災害や石油危機など）が発生したとしましょう。こうした外部からのショックは攪乱項 u の変動とみなすことができます。攪乱項 u がショックを受けて変動すれば、消費もその分だけ変動することになります。このとき、消費の変動は(8-2)式を通じて所得にも影響を及ぼすことになります。一方、(8-1)式の消費関数の説明変数は所得ですので、結局、攪乱項と説明変数である所得は独立ではなく、相関関係を持つことになるのです。これが内生性バイアスです。またこのことは、被説明変数である消費と、説明変数の所得が同時に決定されることを意味しています。その意味で、(8-1)式と(8-2)式の2つの方程式は、**同時方程式**と呼ばれます。

　実際に内生性バイアスが生じるかどうか、gretl を使って実験してみましょう。まずは、その準備です。(8-2)式を(8-1)式に代入して所得 Y を求めると、

$$Y_t = \frac{\alpha}{1-\beta} + \frac{1}{1-\beta} I_t + \frac{1}{1-\beta} u_t \quad (8\text{-}3)$$

が得られます。以下は実験の手順です。なお、実験においては $\alpha = 2.5$、$\beta = 0.6$ を先験的に仮定します。

［1］endg.gdt というデータ・ファイルを作成します。このデータ・ファイルは時系列データを収め、時点は1～50までの50期間とします（作成方法は gretl を起動し、File ⇒ New data set とクリックすると観測値の数を聞いてくるので50と入力し、OK をクリック。さら

に、Time series ⇒ Others を選択すると新しいデータ・ファイルが作成されるので、これを endg.gdt として保存します)。

[２] 次に、スクリプト・ファイルを作成します。その中のプログラムはおおむね以下のとおりです。

① 時点1で1.0、それ以降は0.5ずつ増加する投資系列 inv を作成します。

② (8-3)式において、攪乱項部分のない所得 Y の系列（y_det）を作成します。すなわち、①で作成した inv 系列に、$\alpha=2.5$、$\beta=0.6$ のパラメータを考慮して y_det を計算します。

③ 正規確率変数を発生させ、攪乱項を含む所得 Y の系列（y_rand）を作成します。また、(8-1)式をもとに消費（c_rand）を作成します。

④ y_rand を c_rand の上に回帰して、α と β の推定値を求めます。

⑤ 上記①〜④までの手続きを100回繰り返して、α と β の推定値の平均などを求めます。

以上のプロセスを行うには、プログラミングの知識が少々必要になります。実際に gretl で使用するスクリプト・ファイルは、次のようなものです（スクリプト・ファイルを使ったプログラミングの初歩についてはこの章の最後の節で紹介しますが、以下の内容については省略します。読者のみなさんはまずは挑戦してみてください）。

内生性バイアスの実験プログラム

```
open endg.gdt
smpl 1 50
# generate Investment series
series inv =1.0+0.5*(index-1)
# generate deterministic Income
series y_det =(2.5/(1-0.6))+(1/(1-0.6))*inv
```

```
set seed 123
# open a "progressive" loop, to be repeated 100 times
loop 100 --progressive
  # generate random variable as error term
  genr ut =2*normal()
  # genwrate random Income and Consumption
  genr y_rand = y_det + ut*(1/(1-0.6))
  genr c_rand =2.5+0.6*y_rand + ut
  # estimate the cConsumption function by OLS
  ols c_rand const y_rand
  # grab the coefficients
  genr a = $coeff(const)
  genr b = $coeff(y_rand)
  # store the coefficents to coeff.gdt (gretl data file)
  store coeffs.gdt a b
end loop
```

　実験結果は coeff.gdt というデータ・ファイルに保存されます。この実験の結果、得られた $\hat{\beta}$ の分布を描いたものが図 8-1 です。ここから明らかに、当初設定した $\beta=0.6$ という値から上方にバイアスのかかった推定値しか得られていないことがわかります。すなわち、内生性バイアスが生じているのです。

8.2　二段階最小二乗法

　内生性バイアスを持つ同時方程式モデルでは、最小二乗法の適用は誤った結果をもたらします。そこで、こうした問題を解決するための方策とし

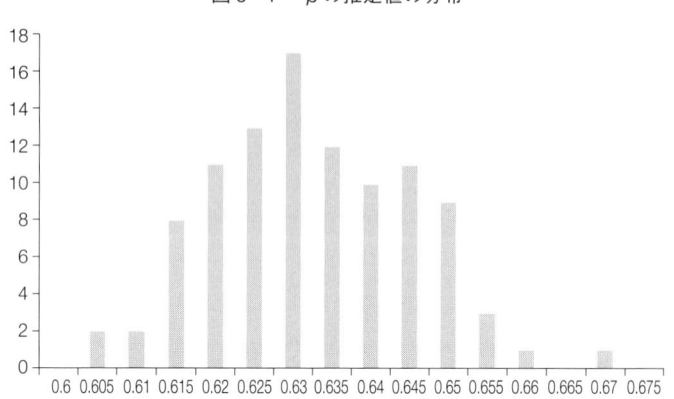

図8-1　βの推定値の分布

て、二段階最小二乗法を用います。これは操作変数法という推定方法の応用版です。

8.2.1 操作変数法の考え方

　説明変数と攪乱項が相関していることが問題でした。一般に、こうした条件に対応する方法として、**操作変数法**という推定方法があります。具体的には、「説明変数と相関が高いが、しかし攪乱項とは相関していないような変数」を探し、これを説明変数の代わりに用いて最小二乗法を適用する、という方法です。2変数のモデル $Y=\alpha+\beta X$ を仮定した場合、説明変数と相関が高く攪乱項とは無相関な変数を Z とすると、β の操作変数推定量 β_{IV} は

$$\hat{\beta}_{IV} = \frac{\sum (Z_t-\overline{Z})(Y_t-\overline{Y})}{\sum (Z_t-\overline{Z})(X_t-\overline{X})} \tag{8-4}$$

で求められます。

　操作変数法を実行すれば、一致性を持つ推定量が得られますが、「説明変数と相関が高いが、しかし攪乱項とは相関していないような変数」を探すことはなかなか難しい問題です。しばしば、最小二乗法を実行し、攪乱項に系列相関がないことが確認されれば、その説明変数の1期前のラグ変

数を操作変数とすることがありますが、必ずしも系列相関がないとは言えませんし、それ以外の操作変数を見つけることも簡単ではありません。その場合、操作変数を特別の形で作成して、これを用いる方法があります。これが**二段階最小二乗法**です。

8.2.2 二段階最小二乗法

　二段階最小二乗法の考え方を説明する前に、もう一度、(8-1)式、(8-2)式のマクロモデルに戻ります。このマクロモデルには3つの変数があります。所得 Y、消費 C、そして投資 I です。このうち所得と消費は各方程式の被説明変数となっています。また、先ほど説明したように、所得と消費は同時に決定されるという性質を持っています。こうした変数を**内生変数**と呼びます。一方、投資はマクロモデルの中で決定されるのではなく、いわば外部条件としてモデルから独立した変数になっています。こうした変数を**外生変数**と言います。

　二段階最小二乗法を、(8-1)式の消費関数の推定を例に説明しましょう。次の2つのステップで進めます。

[1] 外生変数である投資 I を用いて、次の(8-5)式を推定します。ここで δ、γ は推定するパラメータ、w は攪乱項です。これが第1段階の最小二乗法の適用です。

$$Y_t = \delta + \gamma I_t + w_t \quad (8\text{-}5)$$

さらに、この推定されたパラメータ δ、γ と投資 I を用いて、内生変数である所得 Y の予測値 $\hat{Y}$ を作成します。

[2] 次に、(8-1)式の代わりに所得 Y をその予測値 $\hat{Y}$ で置き換えた(8-6)式を推定します。これが第2段階の最小二乗法の適用です。

$$C_t = \alpha + \beta \hat{Y}_t + u_t \quad (8\text{-}6)$$

以上で、二段階最小二乗推定量である $\hat{\beta}_{tsls}$ が求まりました。

　二段階最小二乗法は、操作変数法で説明した「説明変数と相関が高いが、しかし攪乱項とは相関していないような変数」として、所得の予測値を用

いるというものです。一般に、モデルに含まれる内生変数を、外生変数の上に回帰してその予測値を求め、これを内生変数の説明変数に置き換えて最小二乗法を実行します。説明変数の予測値ですから、これは説明変数とそもそも相関が高く、かつ予測値ですので攪乱項とは無相関な非確率変数となっています。よって操作変数としては理想的なものです。

なお、現実問題として、最初のステップ（内生変数である説明変数を外生変数の上に回帰する）で、回帰式の決定係数が大きければ（目安として0.8以上）、最小二乗法の結果と二段階最小二乗法の結果は近いものとなります。その場合、最小二乗法で推定を行っても大きな問題は生じません。その一方、回帰式の決定係数が小さければ、もとの説明変数との相関が小さいということですから、その予測値は操作変数として実用的には意味がないものとなります。

8.3 gretlによる二段階最小二乗法の例──IS-LM分析

gretlを用いて、実際に二段階最小二乗法をIS-LM方程式の推定に適用してみましょう。最初にデータ・ファイルのメニューバーにある、二段階最小二乗法のコマンドを利用して推定を行います。次いで、gretlによる簡単なプログラミングの初歩の解説を兼ねて、スプリクト・ファイルを利用した推定方法を紹介します。

8.3.1 IS-LM方程式の推定

IS-LM方程式は次の(8-7)式、(8-8)式で構成されます。

$$\begin{cases} \ln GDPN_t = \alpha_1 + \beta_{11} INT_t + \beta_{12} \ln INV_t + u_{1t} & \text{(IS 方程式) (8-7)} \\ INT_t = \alpha_2 + \beta_{21} \ln GDPN_t + \beta_{22} \ln M2CDN_t + u_{2t} & \text{(LM 方程式) (8-8)} \end{cases}$$

ここで、$\ln GDPN$ は名目国内総生産の対数値、$\ln INV$ は名目投資（民間設備投資、民間住宅投資、在庫投資の合計）の対数値、INT は名目長期金利、$\ln M2CDN$ は名目のマネーストックを表しています（なお、gretlに登録した変数名はそれぞれ l_GDPN、l_I、INT、l_M2CDN です）。名

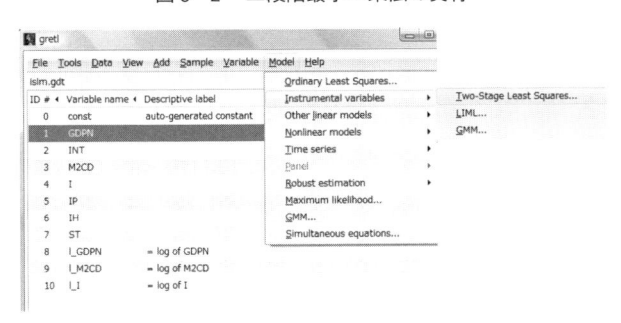

図8-2 二段階最小二乗法の実行

図8-3 操作変数等の指定

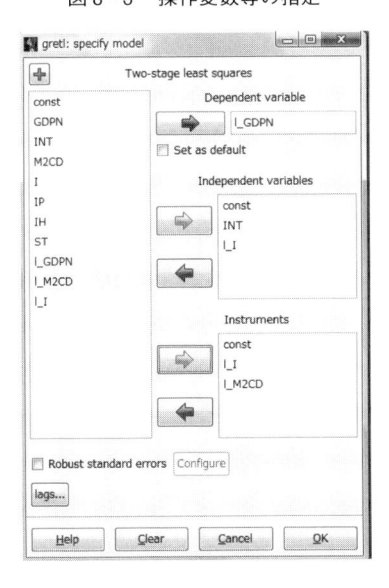

目国内総生産、名目投資は内閣府「国民経済計算年報」から、また名目長期金利とマネーストックは日本銀行「金融経済統計」から得たデータです。サンプル期間は1980～2009年度となっています。

　IS方程式は実物経済における国内総生産と金利との関係を示す方程式であり、LM方程式は貨幣市場における国内総生産と金利との関係を示す

図8-4 IS方程式とLM方程式の推定

```
gretl: model 1
File Edit Tests Save Graphs Analysis LaTeX

Model 1: TSLS, using observations 1980-2009 (T = 30)
Dependent variable: l_GDPN
Instrumented: INT
Instruments: const l_I l_M2CD

              coefficient   std. error      z      p-value
  ---------------------------------------------------------
  const        6.40361      0.863233      7.418    1.19e-013 ***
  INT         -0.0513067    0.00626474   -8.190    2.62e-016 ***
  l_I          0.593639     0.0743533     7.982    1.44e-015 ***

Mean dependent var    12.96343   S.D. dependent var     0.232283
Sum squared resid      0.101196  S.E. of regression     0.061221
R-squared              0.935631  Adjusted R-squared     0.930863
F(2, 27)             197.0630    P-value(F)             7.83e-17
Log-likelihood       -31.13008   Akaike criterion      68.26016
Schwarz criterion     72.46375   Hannan-Quinn          69.60492
rho                    0.712454  Durbin-Watson          0.496252

Log-likelihood for GDPN = -343.916
```

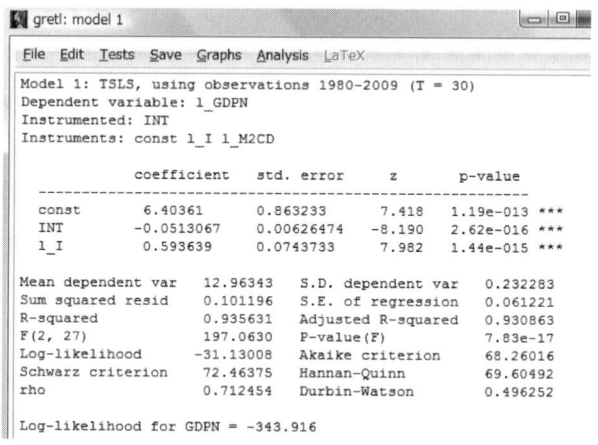

図8-4-a IS方程式の推定

```
gretl: model 2
File Edit Tests Save Graphs Analysis LaTeX

Model 2: TSLS, using observations 1980-2009 (T = 30)
Dependent variable: INT
Instrumented: l_GDPN
Instruments: const l_I l_M2CD

              coefficient   std. error      z      p-value
  ---------------------------------------------------------
  const        26.9786      28.1019       0.9600   0.3370
  l_GDPN       14.7098       5.88491      2.500    0.0124   **
  l_M2CD      -13.8900       3.27148     -4.246    2.18e-05 ***

Mean dependent var     3.875300  S.D. dependent var     2.544670
Sum squared resid     41.77414   S.E. of regression     1.243861
R-squared              0.791915  Adjusted R-squared     0.776501
F(2, 27)              55.75821   P-value(F)             2.59e-10
Log-likelihood       -31.13008   Akaike criterion      68.26016
Schwarz criterion     72.46375   Hannan-Quinn          69.60492
rho                    0.845544  Durbin-Watson          0.415207
```

図8-4-b LM方程式の推定

方程式です。計量経済学的な視点から、2つの方程式を識別するためIS方程式には投資が、LM方程式にはマネーストックが説明変数として加わっています。

二段階最小二乗法を適用する前提として、この4つの変数を整理すると、名目国内総生産と金利がモデルの中で同時に決定される内生変数、投資と

マネーストックがモデルの外部条件となる外生変数です。したがって、二段階最小二乗法の第1段階で使用する外生変数は、投資とマネーストックになりますので、以下ではこの2つの変数を操作変数と呼ぶことにします。

　gretlのデータ・ファイルにこれらの変数が収められているとします。二段階最小二乗法を実行するには、メニューバーにあるModelをクリックし、Instrumental variables ⇒ Two-Stage Least Squaresの順にクリックしていきます（図8-2参照）。その後、図8-3にあるような説明変数、被説明変数、および操作変数を指定するメニューが現れます。

　このメニューでは、IS方程式の場合、被説明変数にl_GDPNを、説明変数にl_I、INTを、さらに操作変数にl_Iとl_M2CDNを指定し、OKをクリックすると図8-4-aのような推定結果が得られます。LM方程式も同様です。その推定結果は図8-4-bです。

　二段階最小二乗法で推定された、IS方程式の利子率INTのパラメータは6.403でした。これに対して最小二乗法で推定された値は5.958となっています（読者のみなさんはぜひ確認してみてください）。同じく、二段階最小二乗法で推定されたLM方程式の名目国内総生産のパラメータは26.979であるのに対し、最小二乗法の結果は80.019でした。このように、両者の推定結果は大きく異なっています。

8.3.2　スクリプト・ファイルを用いた推定

　スクリプト・ファイルを利用した二段階最小二乗法の推定を紹介しましょう。あわせて、gretlのプログラミングに最低限必要なコマンドも紹介しておきます。

　第2章でも紹介したように、新しいスクリプト・ファイルはデータ・ファイルのメニューバーから、File ⇒ Script files ⇒ New scriptの順にクリックしていくことで表示できます。そこに、図8-5で示したプログラムを打ち込んでください。ここで、プログラムの各行は次のような意味を持っています。

図 8-5　スクリプト・ファイルとコマンド

```
gretl: islm.inp

open islm.gdt

ols l_GDPN 0 l_I INT

chow 1992

tsls l_GDPN const INT l_I ; const l_I l_M2CD

fcast 1990 2009 fit

genr b1 = $coeff(INT)
genr b2 = $coeff(l_I)

smpl 1992 2009

tsls l_GDPN const INT l_I ; const l_I l_M2CD

smpl 1980 2009

genr dum1 = (obs < "13")

genr dum2 = (obs = "27")

tsls l_GDPN const INT l_I dum1 dum2 ; const l_I l_M2CD dum1 dum2

genr bb1 = $coeff(INT)
genr bb2 = $coeff(l_I)
print b1 bb1
print b2 bb2
```

- 第1行：open コマンドで先に使用した islm.gdt というデータ・ファイルを呼び出します。
- 第2行：ols コマンドで IS 方程式を最小二乗法で推定します。
- 第3行：ols 推定の結果について、1992年を境にした構造変化に関するチョウ検定を行います。
- 第4行：tsls コマンドで IS 方程式を二段階最小二乗法で推定します。
- 第5行：fit コマンドで、二段階最小二乗法の結果を用いて、その理論値（予測値）を計算し、データ・ファイルに保存します。
- 第6〜7行：二段階最小二乗法の推定結果をもとに、INT と l_I の推定されたパラメータをそれぞれ b1、b2として記録しておきます。
- 第8行：推定期間を1992〜2009年度に変更します。

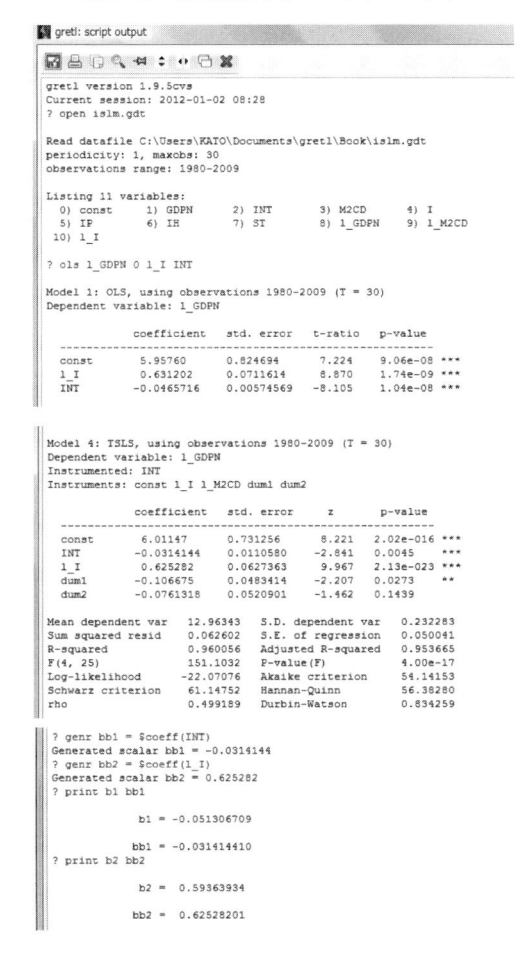

図 8-6　推定結果などのアウト・プット

```
gretl: script output

gretl version 1.9.5cvs
Current session: 2012-01-02 08:28
? open islm.gdt

Read datafile C:\Users\KATO\Documents\gretl\Book\islm.gdt
periodicity: 1, maxobs: 30
observations range: 1980-2009

Listing 11 variables:
  0) const    1) GDPN    2) INT    3) M2CD    4) I
  5) IP       6) IH      7) ST     8) l_GDPN  9) l_M2CD
 10) l_I

? ols l_GDPN 0 l_I INT

Model 1: OLS, using observations 1980-2009 (T = 30)
Dependent variable: l_GDPN

              coefficient   std. error   t-ratio   p-value
  --------------------------------------------------------
  const        5.95760      0.824694      7.224    9.06e-08 ***
  l_I          0.631202     0.0711614     8.870    1.74e-09 ***
  INT         -0.0465716    0.00574569   -8.105    1.04e-08 ***

Model 4: TSLS, using observations 1980-2009 (T = 30)
Dependent variable: l_GDPN
Instrumented: INT
Instruments: const l_I l_M2CD dum1 dum2

              coefficient   std. error     z        p-value
  ---------------------------------------------------------
  const        6.01147      0.731256      8.221    2.02e-016 ***
  INT         -0.0314144    0.0110580    -2.841    0.0045    ***
  l_I          0.625282     0.0627363     9.967    2.13e-023 ***
  dum1        -0.106675     0.0483414    -2.207    0.0273    **
  dum2        -0.0761318    0.0520901    -1.462    0.1439

Mean dependent var   12.96343    S.D. dependent var   0.232283
Sum squared resid     0.062602   S.E. of regression   0.050041
R-squared             0.960056   Adjusted R-squared   0.953665
F(4, 25)            151.1032     P-value(F)           4.00e-17
Log-likelihood      -22.07076    Akaike criterion    54.14153
Schwarz criterion    61.14752    Hannan-Quinn        56.38280
rho                   0.499189   Durbin-Watson        0.834659

? genr bb1 = $coeff(INT)
Generated scalar bb1 = -0.0314144
? genr bb2 = $coeff(l_I)
Generated scalar bb2 = 0.625282
? print b1 bb1

           b1 = -0.051306709

          bb1 = -0.031414410
? print b2 bb2

           b2 =  0.59363934

          bb2 =  0.62528201
```

・第 9 行：変更した推定期間で、IS 方程式を二段階最小二乗法で推定します。
・第10行：推定期間を1980〜2009年度に戻します。
・第11行：13番目の観測値（1991年度）以前に 1 を、それ以外に 0 を入れるダミー変数 dum1 を作成します。
・第12行：27番目の観測値（2007年度）に 1 を、それ以外に 0 を入れるダ

ミー変数dum2を作成します。
・第13行：2つのダミー変数を加えて、IS方程式を二段階最小二乗法で推定します。
・第14〜15行：上の推定結果をもとに、INTとl_Iの推定されたパラメータをそれぞれbb1、bb2として記録しておきます。
・第16〜17行：推定されたパラメータを比較するため、b1、bb1およびb2、bb2の値を表示させます。

　以上のスクリプト・ファイルを実行させて（メニューバーにある歯車のアイコンをクリックします）、その結果の一部を示したものが図8-6です。

　スクリプト・ファイルを使ったgretlのプログラミングは、慣れないと難しいかもしれません。しかし、バッチ形式でいっぺんに作業が済むため大変便利です。ぜひ挑戦してみてください。

第 8 章のまとめ

○説明変数と攪乱項が相関すると、最小二乗法で得たパラメータの推定値は**一致性**を持ちません。内生性バイアスはその一例です。

○**内生性バイアス**とは、説明変数と被説明変数が同時に決定される状況にある場合に生じる問題です。

○ gretl を用いて内生性バイアスを与える実験を行い、最小二乗法で推定されたパラメータにバイアスが生じていることを確認しました。

○内生性バイアスの対処には、操作変数法の応用である**二段階最小二乗法**を用います。

○二段階最小二乗法は、第 1 段階でモデルに含まれる**内生変数**を、モデルの**外生変数**の上に回帰してその予測値を求め、第 2 段階でこれを内生変数の説明変数に置き換えて最小二乗法を実行するというものです。

○ **IS-LM 方程式**を最小二乗法と二段階最小二乗法の双方で推定すると、得られたパラメータの推定値は大きく異なっていました。

○スクリプト・ファイルを使って、二段階最小二乗法を適用する方法を説明しました。

第 8 章で使用したgretlのデータ・ファイル

endg.gdt：8.1 節で使用した内生性バイアスの実験を行うためのデータ・ファイルです。

coeff.gdt：内生性バイアスの実験結果を収めたデータ・ファイルです。

islm.gdt：IS-LM 方程式を推定するためのデータ・ファイルです。

本章で使用したgretlのスクリプト・ファイル

endg.inp：内生性バイアスの実験のためのスクリプト・ファイルです。

islm.inp：IS-LM 方程式などを推定するためのスクリプト・ファイルです。

第9章 gretl でマクロ計量モデル入門

　前章では、IS-LM 分析をもとにした簡単な同時方程式を説明しました。実際の経済を描写するには、IS 曲線、LM 曲線の2本の方程式だけでは十分とは言えません。もちろん、どこまで詳細に現実経済を模写するかにもよりますが、数十本から数千本に及ぶ方程式を用いる試みが数多く行われてきました。こうした同時方程式の仕組みを**マクロ計量モデル**と言います。本章では、マクロ計量モデルの考え方やシミュレーションの方法などを簡潔に紹介し、gretl を用いた小型のマクロ計量モデルの作成を行います。

9.1　マクロ計量モデルとは？

　現実の経済事象を描写するには、重要な変数を取り出し、些細な事象を切り離して経済の本質を把握することが不可欠です。どのような変数を重要なものと判断するか、あるいはどのような構造を仮定するかなどについては、経済理論の助けが必要になります。経済理論をもとに、経済の構造を数量的に描写する仕組みがマクロ計量モデルです。

9.1.1　マクロ計量モデルの概要

　一国全体を対象としたマクロ計量モデルは、マクロ経済の各要素を取り

出し、これを経済理論や国民経済計算体系などに基づいて記述するものです。基本は、内閣府経済社会総合研究所が発表している毎年の国民経済計算体系（SNA）に基づいてモデルを構築することですが、財政や社会保障、労働市場、あるいは国際貿易などといった経済活動分野をより詳細に記述することも可能です。どのような対象をどれだけ詳細に記述するかについては、モデル作成者の目的や利用可能なデータ等によって異なります。

　では、マクロ計量モデルを作成する目的は何でしょうか。さまざまな目的がありますが、大きく分けてインパクト・シミュレーションと将来予測が目的であると言ってよいでしょう。**インパクト・シミュレーション（乗数テスト）** とは、経済対策の効果や、税制改正、あるいは為替レートの変更といった外部要件が変化した場合、マクロ経済全体にどのような影響を及ぼすかを検証するものです。また、**将来予測**は一定のシナリオの下で将来の経済成長率等の見通しを試算するものです。

　このようなマクロ計量モデルは、実際にどのようなところで使われているのでしょうか。しばしば目にするのは、政府が経済見通しなどを公表する際に用いるマクロ計量モデルでしょう。内閣府が公表している「経済財政の中長期試算」では、2000本以上の方程式を用いた「経済財政モデル」での試算が行われています。また、短期の経済見通しでは「短期日本経済マクロ計量モデル」が用いられています。その他、中央銀行やシンクタンク、新聞社などでも独自のマクロ計量モデルを使って、経済見通しやシミュレーションを公表しています。マクロ計量モデルの対象としては、マクロ経済の分析に限らず、エネルギー需給の見通し、環境問題への適用、出生行動と経済の相互依存関係の検証など、幅広い分野で使われています。

　もちろん、マクロ計量モデルは万能ではなく、限界もあります。詳細な議論は省略しますが、マクロ計量モデルは1970年代までは盛んに使われていたものの、モデルの頑健性や作成の恣意性などに関する批判から、1990年代以降はモデル作成がやや下火になった感があります。しかしながらその有用性は依然として変わりませんので、批判に対する検討を踏まえ、上述のように政府などで今でも実用に供されているのです。

9.1.2 マクロ計量モデルの基礎知識

マクロ計量モデルの基礎知識について、前章でも取り上げたシンプルなマクロモデルを少し変更したものを題材に、説明していきましょう。(9-1)式、(9-2)式を見てください。

$$C_t = \alpha + \beta Y_t + \gamma C_{t-1} + u_t \qquad (9\text{-}1)$$

$$Y_t = C_t + I_t \qquad (9\text{-}2)$$

前章と同様、Y は所得（GDP）、C は消費、I は投資を表します。ただし、(9-1)式の消費関数は過去（1期前）の消費水準も説明変数に加わっています。

マクロ計量モデルは経済理論に沿って構築されます。ここでは、ケインズの絶対所得仮説に基づいた考え方により、消費関数の具体的な形として(9-1)式を設定しています。このように、経済理論などに基づいて変数間の相互関係を示す方程式を**構造方程式**と言います。一方、(9-2)式は国民経済計算体系における恒等関係を表しています。こうした式を**定義式**、または**恒等式**と呼びます。一般に構造方程式は最小二乗法、もしくは二段階最小二乗法などで推定されます。なお、前章では内生性バイアスが存在するため二段階最小二乗法などを用いるとしましたが、大規模なマクロ計量モデルでは、最小二乗法で推定することが多いようです。

さて、このモデルで同時に決定される変数は消費と所得です。すでに説明したように、モデルの中で同時に決定される変数を内生変数と言います。一方、外部条件を表す外生変数は投資です。前章のモデルと異なるのは、1期前の消費が加わっていることです。この1期前の消費はすでに1期前に決定されていますので、同じ消費であっても、この期に同時に決定される内生変数ではありません。これを**先決内生変数**と呼び、基本的には外生変数と同じ扱いをします。

モデルを作成する目的は、インパクト・シミュレーションと将来予測であると述べました。その際に理解していただきたいのは、「実際のデータから構築されたマクロ計量モデルが生み出す理論値（予測値）に注目する」ということです。モデル作成者は、マクロ計量モデルを一定の意図に

沿って、現実のデータをもとに最小二乗法などを利用して組み立てていきます。組み立てたマクロ計量モデルを計算して、その理論値（予測値）を得ることがモデル作成の目的です。

例えば、ある年の為替レートが急激に円高に振れたと仮定しましょう。円高が進んだ場合とそうでない場合の経済動向を比較するには、モデルから算出される理論値同士を比較することによって行います。したがって、構築したマクロ計量モデルの理論値が実際のデータを再現しているかどうかを確認する必要があります。その代表的な方法が内挿テストです。

内挿テストとは、マクロ計量モデルの計測期間（モデルに含まれるすべての方程式が共通に持つ推定期間）において、モデルの説明力をテストすることを言います。その際、(9-1)式のように先決内生変数が含まれている場合、モデルから計算された理論値を代入して（すなわち、理論値の上にさらに理論値を計算して）、理論値と実際のデータを比較する内挿テストのことを、**ファイナル・テスト**と呼びます。gretl ではこうした機能もあわせて有しています。

では、どのようにモデルを解くのでしょうか。詳細についてはこれも専門的な文献に委ねますが、イメージとしては(9-1)式、(9-2)式を連立方程式とみなし、未知数である消費と所得に関して解くのです。実際はコンピュータがガウス＝ザイデル法などの数値計算をもとに解を算出してくれますので、大規模なモデルであっても、一瞬でその解、すなわちモデルの理論値を得ることができます。

9.2 gretl による小型マクロ計量モデル

いよいよマクロ計量モデルの作成に取りかかります。すでに説明したように、現実に数多くのマクロ計量モデルが使用されています。しかし、それらのモデルは規模も大きく構造も複雑です。また、多くの研究者がさまざまな進んだ統計的手法を駆使して、モデルの改良に努めています。そうしたモデルを理解し、作成することは容易ではありません。まずはマクロ

計量モデルを作成する体験を通じて、モデル作成の世界を覗いてみることにしましょう。

9.2.1 モデルの概要

ここで紹介するモデルは、5本の構造方程式と2本の定義式から説明される7つの内生変数と、9つの外生変数からなる小型のマクロ計量モデルです。IS-LM 分析に登場する IS 方程式の部分を4本の構造方程式（民間最終消費支出（CP）、民間企業設備投資（IP）、輸入（IM）、民間可処分所得（YD））と GDP の定義式の計5本で表現し、これに LM 方程式となる利子率（INT）の関数を加えるとともに、名目国内総生産（GDPN）を計算する定義式があります。これらのデータは内閣府「国民経済計算年報」および日本銀行「金融経済統計」から得た年度ベースのものです。

モデルは、名目国内総生産とマネーストック（M2CDN）を除き、2000年基準の実質変数で構成されています（実質変数がない租税（TAX）や家計金融資産残高（WH）は、GDP デフレータを利用して実質化しています）。外生変数は、GDP デフレータ（GDPDEF）、マネーストック、租税、家計金融資産残高と政府消費（CG）、住宅投資（IH）、公的固定資本形成（IG）、在庫投資（ST）、輸出（EX）の9つです。モデルの推定期間は、2期のラグ変数があることを踏まえ、2000年基準の93SNAベースに依拠した1982〜2009年度です。なお、モデルの各方程式は（内生性がそれほど顕著でなく、二段階最小二乗法と推定結果に大きな違いがないので）すべて最小二乗法（OLS）で推定しています。

以下が、本章で用いるマクロ計量モデルです。データその他については、model.gdt に収められています。

小型マクロ計量モデル一覧
〔1〕民間最終消費支出
　　$CP = 50802.9 + 0.5180 \times YD(-1) + 0.0481 \times WH(-1)$
　　　　　(1.81)　　(3.01)　　　　　　(2.20)

推定方法：OLS　推定期間：1982-2009　adj.R^2：0.981　D.W.：1.30

〔2〕民間企業設備投資

IP＝22432.6＋0.4487×(GDP(-1)−GDP(-2))−1407.6×INT(-1)＋0.714×IP(-1)
　　　　(4.11)　 (5.50)　　　　　　　　　 (−3.41)　　　　 (11.2)

推定方法：OLS　推定期間：1982-2009　adj.R^2：0.935　D.W.：2.12

〔3〕輸入

IM＝−14559.7＋0.6850×IM(-1)＋0.0603×GDP
　　 (−2.21)　 (6.08)　　　　 (2.65)

推定方法：OLS　推定期間：1982-2009　adj.R^2：0.968　D.W.：0.89

〔4〕民間可処分所得

YD＝37431.8＋0.6587×(GDP−TAX)
　　 (7.87)　 (58.99)

推定方法：OLS　推定期間：1982-2009　adj.R^2：0.992　D.W.：1.29

〔5〕利子率（LM方程式）

INT＝−44.91＋23.003×LOG(GDP)−16.298×LOG(M2CDN)
　　 (−0.88)　 (2.84)　　　　　 (−4.49)

推定方法：OLS　推定期間：1982-2009　adj.R^2：0.865　D.W.：0.851

〔6〕国内総生産

GDP＝CP＋IP＋CG＋IG＋IH＋ST＋EX−IM

〔7〕名目国内総生産

GDPN＝GDP×GDPDEF/100

9.2.2　gretlのスクリプト

　モデルの作成にあたっては、gretlのデータ・ファイルのメニューバーにあるModelからSimultaneous equationsを選択しても可能ですが、使用したgretlのversion 1.9.5では、マウスの右クリックによるコピーやペーストが、そこで書き込むボックス内で使用できませんでしたので、スクリプト・ファイルを利用したほうが便利です（ちなみに、書き込むモデルのプログラムはまったく同じです）。スクリプト・ファイルの利用の仕方

については、前章などを参照してください。

スクリプト・ファイル（model.inp にあります）に書き込むプログラムは次のとおりです。

```
open model.gdt   … ①

# set the model up as a system
"Model 1" <- system   … ②
 equation CP 0 YD(-1) WH(-1)   … ③
 identity dGDP12= GDP(-1)-GDP(-2)   … ④
 equation IP 0 dGDP12 INT(-1) IP(-1)
 equation IM 0 IM(-1) GDP
 identity GT = GDP-TAX
 equation YD 0 GT
 equation GDPN 0 GDPDEF GDP
 equation l_GDP 0 GDP   … ⑤
 equation INT 0 l_GDP l_M2CDN
 identity GDP = CP + IP + CG + IG + IH + ST + EX-IM   … ⑥
 endog CP dGDP12 IP IM GT YD GDPN l_GDP INT GDP   … ⑦
end system   … ⑧

# estimate it by OLS
estimate "Model 1" method=ols   … ⑨

# forecast in sample
fcast 1982 2009 GDP -- dynamic   … ⑩
fcast 1982 2009 INT --dynamic
```

プログラムの①〜⑩の意味は以下のとおりです。

① gretl のデータ・ファイル model.gdt からデータを取り出します。
② 以下の10本の方程式を一括して"Model 1"という名前のシステムとしてまとめます。
③ 民間最終消費支出関数を OLS で推定します。
④ 民間企業設備投資関数にある「GDP(-1) − GDP(-2)」の項を方程式内で表現できないため、恒等式(identity)を用いて表しています。なお、以下の GT も同じです。
⑤ 本来は l_GDP = log(GDP) という変数変換が必要ですが、恒等式には＋、− しか使用できないため、ブリッジ方程式として推計式を用いてこれに代用しています。
⑥ 恒等式で GDP の定義を表しています。
⑦ 内生変数の一覧を示します。なお、l_GDP などは本来は内生変数ではないのですが（GDP 自体は内生変数です）、⑤で推計式として使用しているのでここに掲げています。
⑧ "Model 1"と名付けたシステムの記述がここで終了します。
⑨ "Model 1"を OLS で推定します。
⑩ 1982～2009年度までファイナル・テストを行い、その結果を表示します。

なお、推定において二段階最小二乗法を用いる場合には、システムの中に操作変数のリストを並べる必要があります。例えば、
 Instr const GDP(-1) CP(-1) l_M2CDN IG CG IH EX
といった具合です。さらに⑨では、
       estimate "Model 1" method = tsls
とします。

9.2.3　ファイナル・テストの結果

上記のスクリプト・ファイルを実行するには、スクリプト・ファイルの上部にある歯車のようなアイコンをクリックします（図 9 − 1 参照）。

第 9 章　gretl でマクロ計量モデル入門

図 9 - 1　スクリプト・ファイルと実行

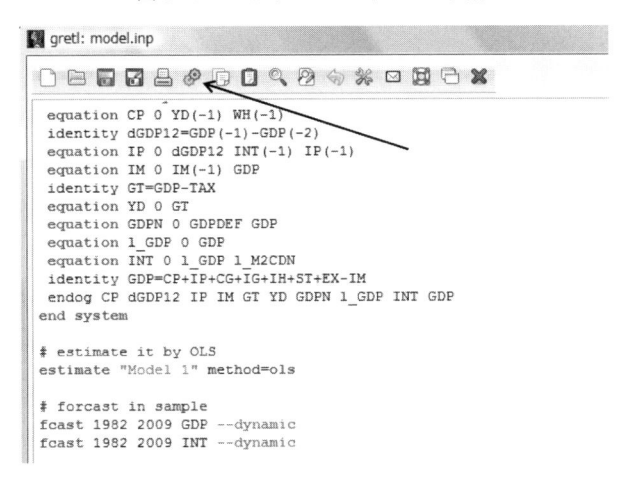

```
gretl: model.inp

equation CP 0 YD(-1) WH(-1)
identity dGDP12=GDP(-1)-GDP(-2)
equation IP 0 dGDP12 INT(-1) IP(-1)
equation IM 0 IM(-1) GDP
identity GT=GDP-TAX
equation YD 0 GT
equation GDPN 0 GDPDEF GDP
equation 1_GDP 0 GDP
equation INT 0 1_GDP 1_M2CDN
identity GDP=CP+IP+CG+IG+IH+ST+EX-IM
endog CP dGDP12 IP IM GT YD GDPN 1_GDP INT GDP
end system

# estimate it by OLS
estimate "Model 1" method=ols

# forcast in sample
fcast 1982 2009 GDP --dynamic
fcast 1982 2009 INT --dynamic
```

図 9 - 2　計算結果の表示

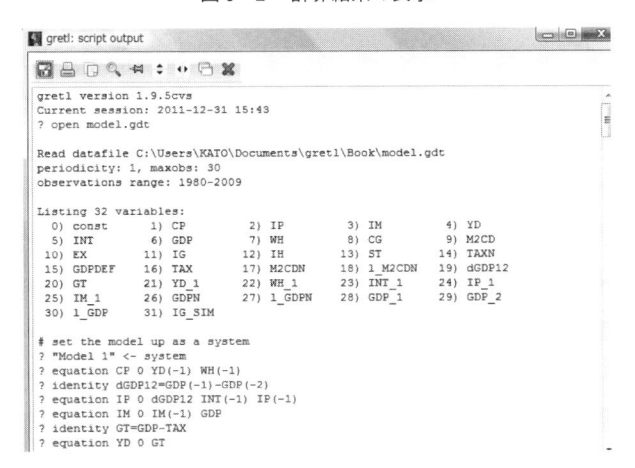

```
gretl: script output

gretl version 1.9.5cvs
Current session: 2011-12-31 15:43
? open model.gdt

Read datafile C:\Users\KATO\Documents\gretl\Book\model.gdt
periodicity: 1, maxobs: 30
observations range: 1980-2009

Listing 32 variables:
  0) const      1) CP        2) IP        3) IM        4) YD
  5) INT        6) GDP       7) WH        8) CG        9) M2CD
 10) EX        11) IG       12) IH       13) ST       14) TAXN
 15) GDPDEF   16) TAX      17) M2CDN    18) 1_M2CDN  19) dGDP12
 20) GT       21) YD_1     22) WH_1     23) INT_1    24) IP_1
 25) IM_1     26) GDPN     27) 1_GDPN   28) GDP_1    29) GDP_2
 30) 1_GDP    31) IG_SIM

# set the model up as a system
? "Model 1" <- system
? equation CP 0 YD(-1) WH(-1)
? identity dGDP12=GDP(-1)-GDP(-2)
? equation IP 0 dGDP12 INT(-1) IP(-1)
? equation IM 0 IM(-1) GDP
? identity GT=GDP-TAX
? equation YD 0 GT
```

gretl はこれで自動的に計算を実行して、モデルを解いてくれます。その結果が図 9 - 2 のように、script output として表示されます。

script output には、計算結果がテキスト文字で表記されていますから、分析を行う際にはエクセルなどの表計算ソフトへ変換することが便利です。そのためには、表示されたアウトプットの必要箇所をコピーし、メモ帳な

図9-3 ファイナル・テストの結果

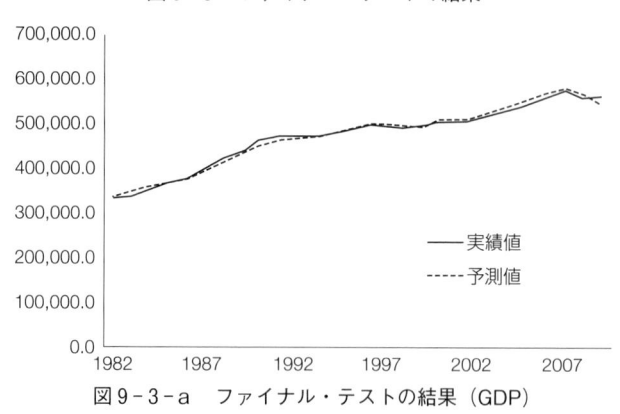

図9-3-a ファイナル・テストの結果（GDP）

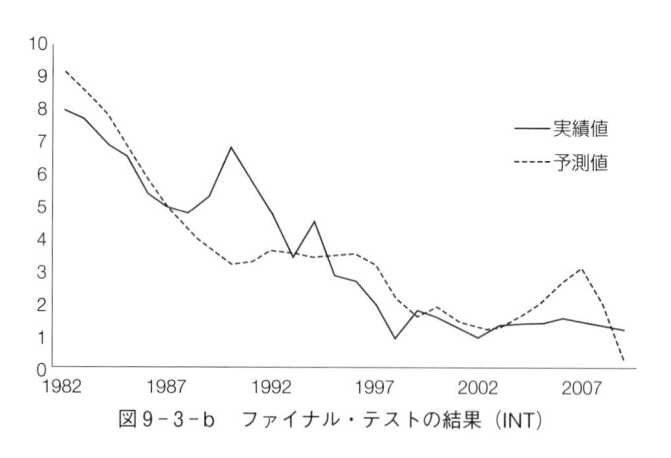

図9-3-b ファイナル・テストの結果（INT）

どにテキスト・ファイルとして保存し、これをエクセルなどで読み込みます。

　さて、上記のプログラムを実行すると、内生変数の理論値（予測値）を得ることができます。GDPと利子率（INT）に関して、実際のデータと理論値を比較したもの（ファイナル・テストの結果）がそれぞれ図9-3-a、図9-3-bです。GDPに関しては、実際のデータをよく追跡しているようです。しかし利子率に関しては、その変動を十分に追っているとは

言えません。これは小規模なモデルゆえの課題でもあります。ちなみに、gretl のファイナル・テストの結果について、EViews でも同じモデルを作成して確認していますが、まったく同一の結果が得られています。

9.2.4 シミュレーションの実行

次に、この結果を用いて乗数テストと将来予測を行ってみましょう。

(1) 乗数テスト

ある年に、公的固定資本形成（政府投資；IG）が実際よりも多く支出されていたと仮定した場合、GDP などにどのような影響を与えたかを実験するシミュレーションです。実際の IG のデータの代わりに、ある年の IG を増やしたデータ系列と入れ替えて、上記と同じようにモデルを解いて、2 つの理論値の比較を行うものです。

ここでは、2001年に理論値の GDP の 1 ％相当分だけ IG が多く支出されたとしましょう。計算の手順は以下のとおりです。

[1] gretl のデータ・ファイルに、IG_SIM という系列を追加します。この系列は2001年度に5.08兆円（GDP の 1 ％相当分）だけ実績の値よりも大きく、その他の年度は同じであるとします。

[2] データ・ファイルに系列を追加する場合は、データを csv ファイルに保存して、メニューバーにある File から Append data を選択して、投入します。

[3] 上記のスクリプト・ファイルの⑥の GDP の恒等式を、次のものと置き換えます。

identity GDP＝CP＋IP＋CG＋IG_SIM＋IH＋ST＋EX－IM

これは IG の代わりに、IG_SIM という系列に置き換えたものです。

[4] 上記と同様にモデルを解き、従前の理論値と比較します。乗数を計算するときは、増加した GDP の額を、増加させた IG の額で除して求めます。

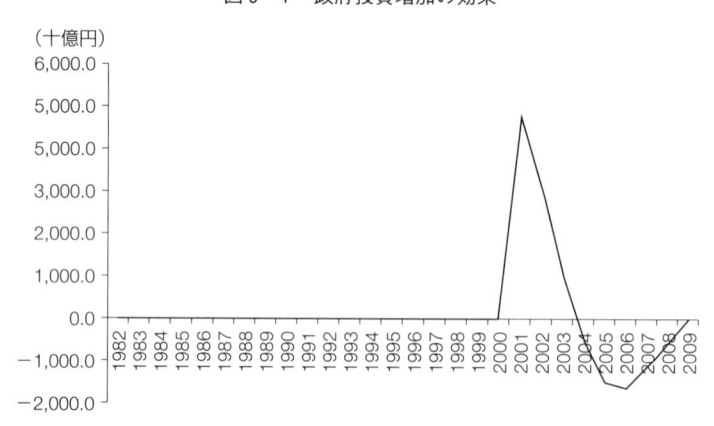

図9-4 政府投資増加の効果

(十億円)
[折れ線グラフ：1982年から2009年までの値を示す。2001年に約4,700付近へ急上昇し、2004～2007年は-1,000～-1,500程度のマイナス域となり、2009年にかけて回復する推移]

　図9-4は、こうして計算したGDPの理論値と、従前のGDPの理論値の差額を示したものです。2001年度から3年間はGDPを押し上げる効果が見られ、3年間で合計8.9兆円程度GDPを押し上げており、この期間の乗数効果は約1.74となります。その後反動でGDPが低下しており、最終的には9年間で3.4兆円程度GDPを押し上げましたので、長期乗数は0.66程度であることがわかります。

(2) 将来予測

　次に、このモデルを用いて将来予測を行いましょう。最初に、データ・ファイルが1980～2009年度の期間になっていますので、予測期間を2014年度にまで伸ばすため、データ・ファイルのレンジを変更します。その方法は、データ・ファイルのメニューバーからDataをクリックし、その中にあるAdd observationsを選択してください。期間の延長がプルダウン・メニューで行えるはずです。

　ここまで準備できたら、予測のための手順を紹介します。

［1］まずは2014年度までの外生変数を設定します。ここでは、在庫投資（ST）を除き、1982～2009年度までの各外生変数の年平均伸び

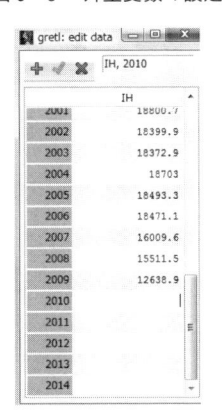

図9-5　外生変数の設定

	IH
2001	18800.7
2002	18399.9
2003	18372.9
2004	18703
2005	18493.3
2006	18471.1
2007	16009.6
2008	15511.5
2009	12638.9
2010	
2011	
2012	
2013	
2014	

図9-6　2014年度までの将来予測

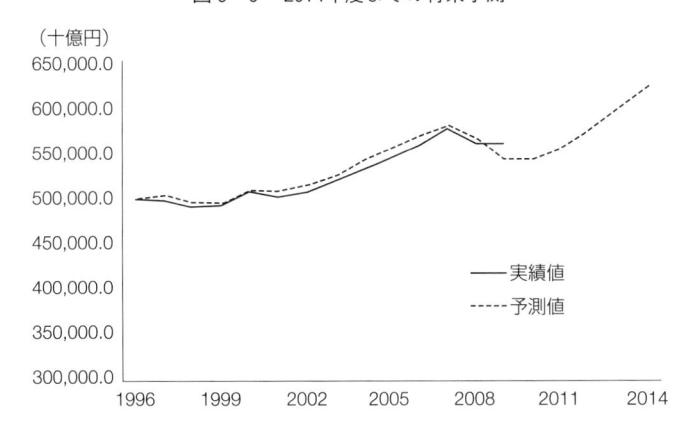

率を計算し、これを用いて、機械的に2014年度までの値を求めます。なお、在庫投資は2010年度以降、ゼロとしました。

［2］gretlにその値を投入するには、各変数をクリックし、データの編集を行います（図9-5参照）。外生変数すべてに2014年度までのシナリオ値（ここでは過去の年平均伸び率を適用）を書き入れます（なお、model_fore.gdtファイルに将来値などを収めてあります）。

［3］上記のスクリプト・ファイルを利用して、モデルを2014年度まで延長して解きます。具体的には、スクリプト・ファイルの⑩を以下のように変更します。

fcast 1982 2014 GDP --dynamic

　以上の手続きを行って、2014年度までのGDPの推移を予測した結果が図9-6です。現状の経済状況を踏まえると、これほど楽観的な予測に疑問を持たれるかもしれませんが、予測は予測者がどのように外生変数のシナリオを描くかに依存します。政府支出等を引き下げ、円高で輸出が減少するというシナリオを描けば、GDPが減速するという予測結果も生じるでしょう。ここでの例はあくまでもマクロ計量モデルの体験ということですから、あとはモデルの拡張を含め、読者のみなさんにお任せします。

第9章のまとめ

○現実の経済事象を描写するために、重要な変数を取り出し、経済理論や国民経済計算体系などに基づいて記述した方程式体系を、**マクロ計量モデル**と言います。

○マクロ計量モデルを作成する主要な目的は、**インパクト・シミュレーション（乗数テスト）**と**将来予測**です。

○経済理論に従って構築された式を**構造方程式**、国民経済計算体系における恒等関係などを示す式を**恒等式**と言います。

○構築したマクロ計量モデルの理論値が、実際のデータを再現しているかどうかを確認する代表的な方法が、**ファイナル・テスト**などの**内挿テスト**です。

○7つの内生変数と9つの外生変数からなる小型のマクロ計量モデルを作成し、最小二乗法で推定を行いました。

○モデルの作成にはスクリプト・ファイルを用いています。GDPに関するファイナル・テストの結果は良好でした。

第9章で使用したgretlのデータ・ファイル

model.gdt ：9.2節で使用したマクロ計量モデルのデータです。なお、IG_SIMのデータも含まれています。

model_fore.gdt：9.2節で使用した将来予測用のデータ・ファイルです。

第9章で使用したgretlのスクリプト・ファイル

model.inp：マクロ計量モデルを記述し、解くためのスクリプト・ファイルです。

付　録

付録 A 確率と統計の基礎

　本書の各章では、読者が確率や統計の基本的な内容を学んでいるという前提で説明を行っています。例えば、第 3 章では正規分布の他、t 分布や F 分布などの確率分布が登場し、その概要を説明しました。しかし、そもそも「確率分布とは？」という読者には難しかったかもしれません。しかし、その場面で確率分布の初歩から説明すると、統計学の知識を持っている読者にとってはやや冗長に過ぎるでしょう。

　本書は計量経済学の初心者を対象としたものですが、しかしながら統計学の初心者が読んでわかるかというと、そこにはギャップがあるでしょう。といっても、統計学の初歩を解説することが本書の目的ではありません。そこで、付録というやや独立した性格の場所を利用して、統計学のうち、本書を読むためには知っておいてもらいたい、最低限の項目を取り上げてみました。もちろん、gretl を用いて具体的な例をあげながら話を進めていきます。なお、統計学をきちんと学びたい読者は、付録 C で紹介したテキストなどを参照してください。

A.1　確率と確率分布

　確率というと、多くの統計学の教科書ではサイコロの目が出る確からし

さ、といったことから説明を始めるのが一般的でしょう。しかし、学ぶ側からすると、もっと実践的な解説を望む場合もあるはずです。そこで、計量経済学に関わる部分を重視して、(やや偏っていますが)確率と確率分布の基礎を説明します。

A.1.1 確率変数と確率分布

　計量経済学が扱う対象はGDPや失業率、あるいは個人の貯蓄率などの経済変数です。これらの経済変数は、その値が実際に観測されるまで、さまざまな値を取る可能性を有しています。失業率を例に取りましょう。2011年の年平均失業率は4.5%でした。失業率がマイナスになったり、100%を超えたりすることは定義上ありえませんが、しかし2.0%になったり、15%になったりする可能性はあります。その意味では、4.5%という値はたまたまその値が得られたということであって、いろいろな値を取り得る可能性がある中で実現したと考えます。こうした性質を持つ変数、すなわち事前にその実現値がわからない変数を**確率変数**と呼びます。

　当然ですが、ひとたび4.5%という失業率の値が得られたら、確率変数だからといってその値が変わるわけではありません。観測された値は**実現値**として分析の対象になります。私たちは実現値を通じて、その値を生み出したもとの集合(**母集団**)の特徴を推測しようと考えます。確率変数が取ることのできる範囲の値を、その実現する確からしさとともに示したものが、**確率分布**です。第3章ではt分布を説明しましたが、これが確率分布の例です。

　確率分布の数学的な記述形式は複雑です。**正規分布**を題材に説明を進めてみましょう。ちなみに、正規分布はガウス分布、ベル・カーブなどとも言われ、"誤差"の出現確率をもっともよく表現する分布とも言われています。図A-1はこの正規分布を表したものです。まさにベル(釣鐘)・カーブという名前がぴったりのものです。

　この正規分布の図の横軸には-4から4までの確率変数の値が刻まれ(実際には$-\infty$から$+\infty$まで)、縦軸には横軸のそれぞれの確率変数の値

付録A　確率と統計の基礎

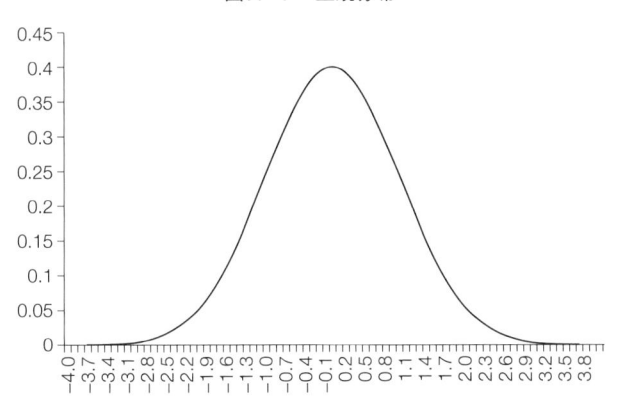

図A-1　正規分布

が実現する確率が示されています。これによれば−4や4付近の値が出現する確率はほぼ0に近い一方で、中心にある0付近の値が出現する確率は大きいようです。確率は0から1の範囲にありますので、図のカーブの下の面積の合計は、ちょうど1になります。

　ここで注意していただきたいのは、横軸の確率変数は連続な値を取るもので（整数のように飛び飛びの値を取るものではなく）、こうした性質を持つ確率変数を**連続確率変数**と言います。その反対に、サイコロの目のように1、2、…、6のように飛び飛びの値を取る確率変数を**離散確率変数**と言います。

A.1.2　正規分布

　図A-1にある正規分布を数学的に表現すると、(A-1)式のようになります。

$$f(x) = \frac{1}{\sqrt{2\pi\sigma^2}} \exp\left(-\frac{(x-\mu)^2}{2\sigma^2}\right) \quad (\text{A-1})$$

何やら複雑な式です。慣れれば何ともない式なのですが、初心者の方にはこれだけで統計学を嫌う理由ができるかもしれません。しかし、大事なのは式の中にあるμとσの2つです。

図A-1にある正規分布は、この2つの変数の値が変わると、それに応じて上下左右に形状を変化させます。言い換えれば、正規分布の形状を決定しているのはこの μ と σ なのです。この μ と σ の値が決まれば、正規分布の形状が決まるという意味で、確率分布の**パラメータ**と言います。μ は分布の**平均**、σ は分布の**標準偏差**（したがって σ^2 は**分散**）を表していますので、正規分布は平均と分散の値に応じて、その形状が決定されるということです。そのため、一般に正規分布は $N(\mu, \sigma^2)$ と表記されます。

　正規分布の中で $\mu=0$、$\sigma=1$ であるような分布を**標準正規分布**と言います（$N(0,1)$ と書きます）。図A-1はこの標準正規分布を表したものです。$\mu=0$、$\sigma=1$ のとき、(A-1)式は次のようになります。ここでは x を z に置き換えています。

$$f(z)=\frac{1}{\sqrt{2\pi}}\exp\left(-\frac{z^2}{2}\right) \qquad \text{(A-2)}$$

　一般に(A-1)式で示された x の値に対応する確率は、(A-2)式の標準正規分布の z の値に対応する確率で表現します。そのとき、次の公式を用いて x を z に変換します。これを**正規化**と言います。

$$z=\frac{x-\mu}{\sigma} \qquad \text{(A-3)}$$

(A-1)式は、ある x が定まるとその値が実現する確率 $f(x)$ を示すもので、**確率密度関数**と言います。x が連続確率変数であれば、その累積した値は1になるということはすでに述べたとおりです。それでは $-\infty$ から2.0までを累積した値（確率の累積値）を表すにはどうすればいいでしょうか。数学的には(A-4)式のように表現します。

$$\int_{-\infty}^{2.0}f(x)dx=\int_{-\infty}^{2.0}\frac{1}{\sqrt{2\pi\sigma^2}}\exp\left(-\frac{(x-\mu)^2}{2\sigma^2}\right)dx \qquad \text{(A-4)}$$

連続な変数ですから、(A-4)式には積分が出てきます。

　さて、平均 μ、標準偏差 σ である正規分布において、$-\infty<x\leq 2.0$ にある部分の確率をもっと簡単に、次のように表現してみましょう。

$$P[-\infty<x\leq 2.0]$$

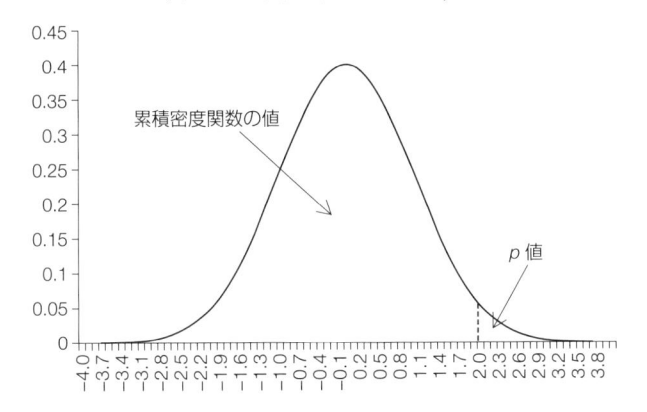

図A-2　累積密度関数の値とp値

この値が $-\infty < x \leq 2.0$ の**累積密度関数**の値です。その反対に、1から累積密度関数の値を引いたものを **p値** と言います（図A-2参照）。ではここで、累積密度関数とp値をgretlで求めてみましょう。

　gretlを起動し、Tools ⇒ P-value finder とクリックしてください。すると図A-3の上部にあるようなボックスが現れます。上部のタブはnormalが正規分布、tがt分布、chi-squareがカイ二乗分布などを意味していますので、normalを選択して、value（これは(A-3)式のz値です）に2を書き入れます（meanは平均、std.deviationは標準偏差ですので、ここではそれぞれ0、1となっています）。OKをクリックすると、図A-3の下部にあるような結果が得られます。これはp値が0.02275であることを示していますので、図A-2にあるように、1-pを計算すれば（すなわち1-0.02275=0.97725）、その値が累積密度関数の値となります。

　この例では標準正規分布を使いましたが、meanとstd.deviationの値をいろいろ変えれば、一般の正規分布に対しても使用することができます。なお、ToolsにはP-value finderとは反対に、累積密度関数の値を入れるとz値を返すStatistical tablesも備わっています。

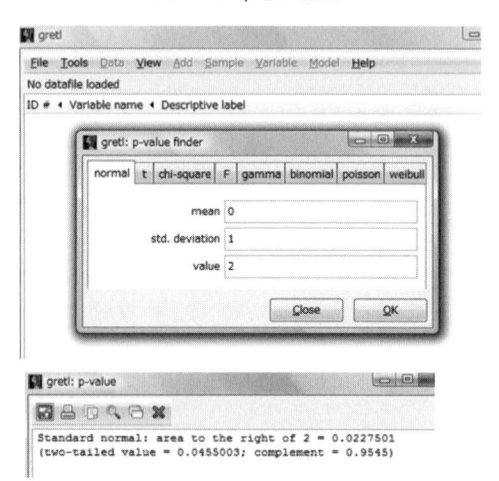

図A-3　p値の計算

A.1.3　正規分布以外の確率分布

　正規分布以外の確率分布について、簡単に紹介しておきましょう。いずれも正規分布と関係が深く、回帰分析における統計的検定に使われる確率分布です。

　最初はカイ二乗分布です。(A-3)式で定義された標準正規分布に従い、互いに独立な m 個の変数を z_1、z_2、…、z_m とします。ここで"独立"とは、変数 z_i が得られる確率 $P[z_i]$ と、変数 z_j が得られる確率 $P[z_j]$ には何ら関係がないという意味です。したがって、z_i と z_j が同時に得られる確率は $P[z_i] \times P[z_j]$ となります。

　さて、互いに独立な m 個の標準正規分布に従う変数から、(A-5)式によって新たな変数 Y が得られます。この Y は自由度 m の**カイ二乗分布**に従います。

$$Y = z_1^2 + z_2^2 + \cdots + z_m^2 \tag{A-5}$$

　カイ二乗分布は多くの場合、これだけでは用いられません。t 分布との関連でカイ二乗分布に従う変数 Y が用いられます。標準正規分布に従う確率変数 z と、自由度 m のカイ二乗分布に従う確率変数 Y が相互に独立

であるとき、以下の U を計算します。

$$U = \frac{z}{\sqrt{Y/m}} \tag{A-6}$$

このとき、U は自由度 m の **t 分布**に従います。t 分布は第 3 章で利用しました。

最後は F 分布です。X を自由度 n のカイ二乗分布に従う確率変数、Y を自由度 m のカイ二乗分布に従う確率変数として、両者が独立であるとき、以下の V を計算します。

$$V = \frac{X/n}{Y/m} \tag{A-7}$$

このとき、V は自由度 (n, m) の **F 分布**に従います。

これらの確率分布の詳細な内容に関しては、岩田（1983）などを参照してください。大事な点は、回帰分析における統計的検定を行う際に、t 分布や F 分布に従う検定統計量が出現するので、これらの分布の累積密度関数を利用して p 値を計算し、仮説検定を行うということです。t 分布や F 分布の累積密度関数は詳細に計算され、よく知られているために、こうした手続きができるのです。図 A-3 では P-value finder を利用して標準正規分布の累積密度関数の値を求めましたが、タブを見ると t、chi-square、F などもあります。gretl を利用すれば、こうした分布の p 値も計算できるのです。

A.2　推定と検定

統計学の目的は、得られた標本から母集団の特性を推定することであり、また得られた標本の特性が母集団のものと同じであるかどうかを検定することである、と言ってもよいでしょう。gretl を用いて推定と検定の基礎を説明します。

A.2.1 標本と標本統計量

　私たちが手にするデータの源となっている母集団の姿を、得られたデータから推測するにはどうすればいいでしょうか。例えば、全国の世帯の消費額の分布がどうなっているかを知りたいとします。すべての世帯を巡回して、その消費額を聞き取るというのは、コストがかかりすぎて現実的ではないでしょう（これを**全数調査**と言います）。そのため、いくつかの世帯を選び出してその消費額を調べ、これから全国の世帯の消費分布を明らかにするという手順がとられます。そこで用いられる手法が統計分析であり、全体を推測するために収集するものが**標本**（サンプル）です。

　これは統計学を学んだ者にとっては常識でしょう。では、私たちが手にする経済データ、GDP成長率や失業率は標本といえるのでしょうか。イメージからすると、世帯の消費額というクロスセクション・データは、標本という概念に合致します。一方で時系列データは、その値が1つしかないのだから標本とは違うのでは、という疑問が生じるかもしれません。しかし、これも標本なのです。冒頭で確率変数について説明しました。失業率はある時点において唯一の値が観測されるものですが、失業率の取り得る母集団というものを想定すれば、その母集団から偶然に抽出された値であると考えることができます。したがって、2001年～2010年の間の失業率のデータは、失業率がとり得る母集団から得られた連続した10個の標本と捉えることができます。

　さて、私たちは標本を手掛かりに母集団を推測します。しかし、何を推測するのでしょうか。母集団の確率分布の形と平均、分散などのパラメータが得られれば、目的を達成することになるでしょう。そのために、標本のパラメータ（平均や分散など）から、母集団の平均や分散（これらを母集団の**特性値**と言います）を推測するということになります。

　いま、確率変数 X が属する母集団の平均を μ、分散を σ^2 とします。一方、その母集団からの n 個の標本（これを x_i とします）の平均を $\bar{x}$、分散を s_x^2 とします。このとき、以下のように平均や分散を表します。

付録A 確率と統計の基礎

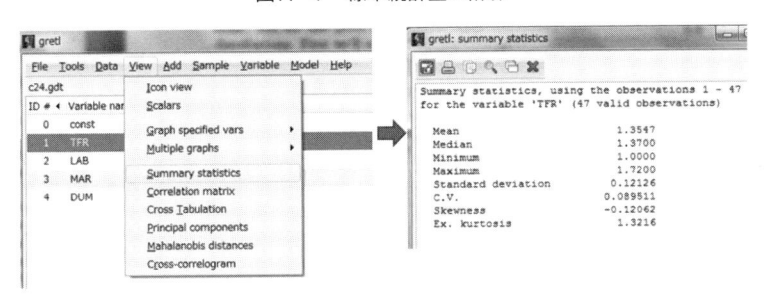

図A-4 標本統計量の計算

	母集団	標本
平均	$E[X]=\mu$	$\frac{1}{n}\sum x_i = \bar{x}$
分散	$E[X-\mu]^2=\sigma^2$	$\frac{1}{n-1}\sum(x_i-\bar{x})^2=s_x^2$

　gretl で標本統計量を計算させてみましょう。第2章で用いた都道府県別の合計特殊出生率（TFR）を題材に、その標本統計量を gretl で求めます。データ・ファイル（c24.gdt）にある TFR を指定したあと、メニューバーから、View ⇒ Summary statistics を選んでください。すると、図A-4にあるような平均、標準偏差（したがって分散）以外の統計量も計算してくれます。

　合計特殊出生率（TFR）の標本統計量を見ると、平均（Mean）が1.355、中位数（Median）が1.370、最小値（Minimum）が1.00、最大値（Maximum）が1.72、標準偏差（Standard deviation）が0.1213、変動係数（C.V.；coefficient of variation、標本標準偏差を標本平均で除したもの）が0.089、また歪度（Skewness、これは分布の非対称性の指標を示し、0に近いほど対称な分布となる）が−0.121、尖度（Excess kurtosis、分布のとがり具合を示す指標）が1.322でした。

A.2.2　標本と母集団の関係

　最初に、標本と母集団の関係を整理しておきましょう。

付　録

　大きさ n の標本を何度も無作為に取り出して、その都度、標本の平均を計算したとします。その標本平均（$\bar{x}$）の平均を計算すると（母集団は無限に多くの構成単位を持つとします）、その値は母集団の平均値 μ と一致します。すなわち、$E[\bar{x}]=\mu$ です。また、$\bar{x}$ の分散（$\sigma_{\bar{x}}^2$）を計算すると（標本分散ではないことに注意してください）、母集団の分散 σ^2 とは $\sigma_{\bar{x}}^2=\sigma^2/n$ の関係があります。

　さらに、この標本の数 n が大きくなれば、$\bar{x}$ は、たとえ母集団がどのような分布をしていたとしても、正規分布に従います。

$$\bar{x} \sim N\left(\mu, \frac{\sigma^2}{n}\right) \tag{A-8}$$

ポイントは、母集団がどのような分布をしていても正規分布になるという点です。これを**中心極限定理**と言います。

　さて、標本平均が手に入り、これが(A-8)式にあるように正規分布に従うものとします。ここで、$\bar{x}$ を(A-3)式により正規化します（以下は、3.2.1項における t 検定の話の流れと同じです）。

$$z = \frac{\bar{x}-\mu}{\sigma/\sqrt{n}} \tag{A-9}$$

z は平均0、分散1の標準正規分布 $N(0,1)$ に従うことになります。ここで、母集団の分散 σ^2 の代わりに、標本の分散 s_x^2 を用います。すなわち、

$$t = \frac{\bar{x}-\mu}{s_x/\sqrt{n}} \tag{A-10}$$

となりますが、これは t 分布に従います。このときの自由度は $n-1$ です。

　以上は、ある正規分布に従う確率変数が得られた場合、標本平均と標本分散を用いて統計的な検定を進めるヒントを与えてくれます。

A.2.3　検定の進め方

　統計学のテキストにあるような、基本的な**検定**の仕方を確認しておきましょう。例を使って説明します。

　ある工場ではPCのバッテリーを大量に生産しています。そのバッテリ

ーは平均12時間駆動することが確かめられています。また、その駆動時間の標準偏差は4時間ということも知られています。この工場ではバッテリー製造の改良方法が提案され、新しい製造ラインでバッテリーが生産されはじめました。改良がうまくいけば、バッテリーの駆動時間が延びると予想されています。ただし標準偏差は変わらないとします。

　さて、新しい方法で製造されたバッテリーから100個の標本を取り出して、その駆動時間の平均を求めてみたところ12.6時間でした。改良はうまくいったと言えるでしょうか。統計的に検定してみましょう。この場合の帰無仮説は、駆動時間の平均は12時間で変わらないというものです。

　この問題を整理してみましょう。いま、平均12、標準偏差4の正規分布（大量にバッテリーが生産されていることから仮定できるとします）から100個の標本を取り出すと、その標本平均が12.6でした。この12.6が正規分布のどのあたりに位置しているのか、図A−2で言えば、そのp値の水準はどうなっているのか、ということを検定すればいいのです。以上から、標本平均は平均12、標準偏差$4/\sqrt{100}=0.4$の正規分布に従うことになります（(A-8)式を見てください）。$\bar{x}=12.6$のときのz値を、(A-9)式から求めてみましょう。

$$z = \frac{\bar{x}-\mu}{\sigma/\sqrt{n}} = \frac{12.6-12}{4/\sqrt{100}} = 1.5$$

　本来であれば、標準正規分布表を利用して$z=1.5$に相当する累積密度関数の値を求めるところですが、ここではgretlを使ってみましょう。gretlを立ち上げ、A.1.2項で紹介したP-value finderを使って、正規分布（normal）のvalueに1.5と入れてOKをクリックすると、area to the right of 1.5＝0.0668と表示されます（図A−5参照）。すなわち、$z=1.5$の右側の領域の面積は6.68％となります。もし5％を棄却域（すなわち、5％しか生じないような稀な領域）とすると、$z=1.5$は帰無仮説を棄却できない範囲にあると言えます。すなわち、標本平均の12.6時間は、従来と同じ駆動時間の範囲内にあると判定される、ということになります。

　さて、ここで標本が16個しかなかった場合を考えてみましょう。先ほど

付　録

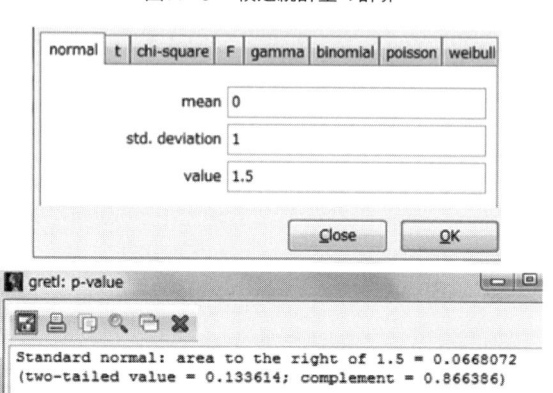

図A-5　検定統計量の計算

の例では、標本数が100とかなり多かったので、検定統計量が正規分布に従うということを前提として計算しました。しかしここでは標本数が16と小さく、その場合、検定統計量は t 分布に従うと考えることができます（自由度は $n-1$ で15になります）。なお、16個の標本の平均は13.2時間、標準偏差は2時間であったとしましょう。(A-10)式から t 値を求めます。

$$t=\frac{\bar{x}-\mu}{s_x/\sqrt{n}}=\frac{13.2-12}{2/\sqrt{16}}=2.4$$

先ほどと同じように gretl の P-value finder を使うと、area to the right of 2.4＝0.0149となり、t＝2.4の右側の領域の面積は1.49％で、5％の棄却域を考えれば帰無仮説（駆動時間の平均は12時間で変わらない）を棄却する結果となります。

付録 B　メニューバーから見た機能一覧

B.1　ファイル（図B-1参照）

F-1　データ・ファイルを開く
・分析に必要なデータ・ファイルを読み込みます。
・サンプル・ファイルもここから開きます。

F-2　ワーキング・ディレクトリの指定
・データ・ファイルやスクリプト・ファイルなどを格納するディレクトリを指定します。

F-3　スクリプト・ファイルを開く
・スクリプト・ファイルは一連の処理の流れ（プログラム）を記述した、いわば手順書です。
・そのファイルをここから読み込みます。

F-4　セッション・ファイル
・分析した結果を記録したファイル（セッション・ファイル）をここから読み込みます。

付　録

図B-1　Fileから

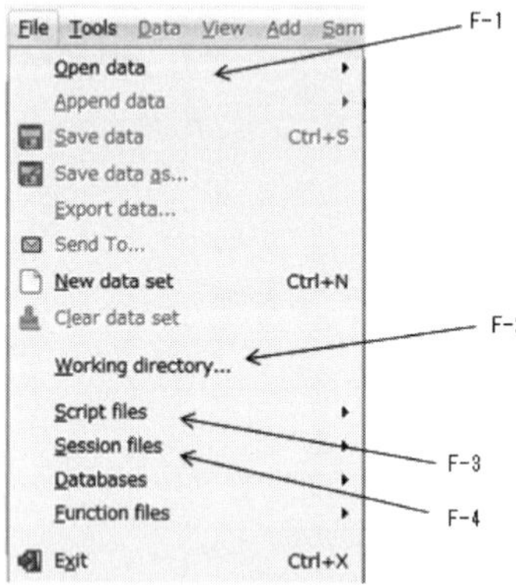

B.2　ツール（図B-2参照）

ツールは、データ・ファイルなしでも、一般的な確率分布表などの情報を調べることができます。

T-1　確率分布表
・確率分布（正規分布、t分布、カイ二乗分布、F分布、ポアソン分布など）の臨界値を計算します。
・正規分布では、平均と分散、および分布の右側の裾野の面積で示される確率の大きさを指定すると、その臨界値（z値）を返します。

T-2　p値計算ツール
・確率分布（正規分布、t分布、カイ二乗分布、F分布、ポアソン分布など）のp値（確率の大きさ）を計算します。
・正規分布では、平均と分散、および臨界値（z値）を指定すると、分布の右側の裾野の面積で示される確率の大きさを返します。

T-3　曲線のプロットを描く
・指定した式に対応する曲線のプロットを描いてくれます。

図 B-2　Tools から

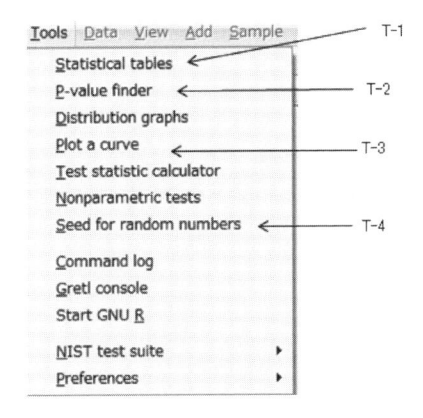

```
Tools  Data  View  Add  Sample          ← T-1
  Statistical tables
  P-value finder                        ← T-2
  Distribution graphs
  Plot a curve                          ← T-3
  Test statistic calculator
  Nonparametric tests
  Seed for random numbers               ← T-4
  Command log
  Gretl console
  Start GNU R
  NIST test suite            ▶
  Preferences                ▶
```

・例えば sin(x) と入力すればサイン曲線を描きます。

T-4　乱数の種の指定

・確率シミュレーションなどで用いる乱数の種を指定することができます。

B.3　データ（図 B-3 参照）

D-1　変数リストの作成

・変数のリスト（グループ）を作成します。
・リストを作成することで、スクリプト上で y という変数の上に定数項と x_1, x_2 という2つの説明変数を指定する代わりに、そのリストで2つの説明変数を代理できます。

list xlist=x1,x2

ols y 0 xlist

D-2　データの表示

・各変数のデータの値を表示します。

D-3　データの値の編集

・変数の値の変更などを行います。

D-4　観測値の追加

図B-3 Data から

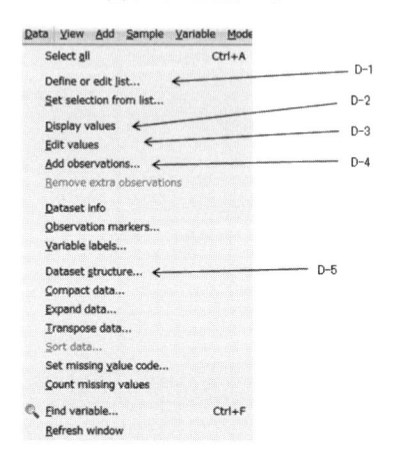

・データ観測値の追加を行います。

D-5 データ構造の定義

・データが時系列データか、クロスセクション・データか、などを定義します。

B.4 ビュー（図B-4参照）

V-1 グラフの作成

・グラフが作成できます。

・時系列のプロットや散布図など、多くのオプションがあります。

V-2 統計量の要約

・平均、最大・最小値、標準偏差などを計算します。

V-3 相関行列

・相関行列を計算します。

図B-4　Viewから

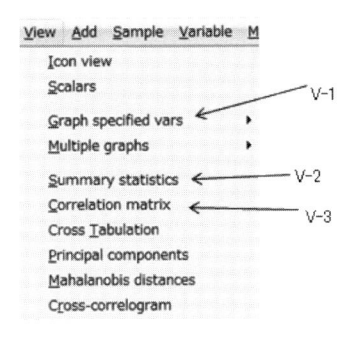

```
View  Add  Sample  Variable  M
  Icon view
  Scalars
  Graph specified vars  ←――― V-1
  Multiple graphs
  Summary statistics   ←――― V-2
  Correlation matrix   ←―
  Cross Tabulation          ――― V-3
  Principal components
  Mahalanobis distances
  Cross-correlogram
```

B.5　追加（図B-5参照）

A-1　変数の加工
・変数の自然対数値、二乗値、1期ラグの変数、1階の階差変数、1階の対数階差変数、前年同期との階差変数の作成を行います。

A-2　タイムトレンドの作成
・時系列データの場合、観測期間の期首を1とするタイムトレンド変数を作成します。

A-3　乱数作成
・一様分布、正規分布、t分布などに従う乱数を作成します。
・乱数の作成では、平均や標準偏差を指定して作成できます。

A-4　季節ダミー変数の作成
・四半期データでは、第1四半期から第4四半期までのそれぞれの季節ダミー変数が作成されます。

A-5　新規変数の作成
・すでにある変数を利用して、新たな変数を作成できます。

付　録

図B-5　Addから

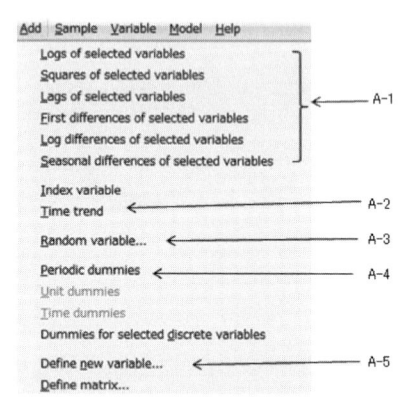

```
Add  Sample  Variable  Model  Help
     Logs of selected variables
     Squares of selected variables
     Lags of selected variables              ← A-1
     First differences of selected variables
     Log differences of selected variables
     Seasonal differences of selected variables

     Index variable
     Time trend     ←                        ← A-2
     Random variable...  ←                   ← A-3

     Periodic dummies  ←                     ← A-4
     Unit dummies
     Time dummies
     Dummies for selected discrete variables

     Define new variable...  ←               ← A-5
     Define matrix...
```

図B-6　Sampleから

```
Sample  Variable  Model  Help
  Set range...  ←                            ― S-1
  Restore full range

  Restrict, based on criterion...
  Random sub-sample...
  Resample with replacement...
  Drop all obs with missing values
  Show status  ←                             ― S-2
```

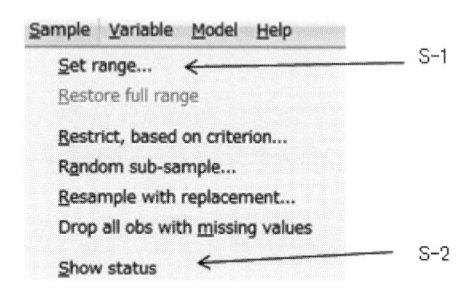

B.6　サンプル（図B-6参照）

S-1　サンプル期間の指定
・分析に用いるサンプル期間の指定・変更を行います。

S-2　データ・ファイルの性質の表示
・データの種類（時系列データかクロスセクション・データかなど）、期種（年度か四半期かなど）、データの観測期間、現在使用しているサンプル期間を表示します。

図B-7　Variable から

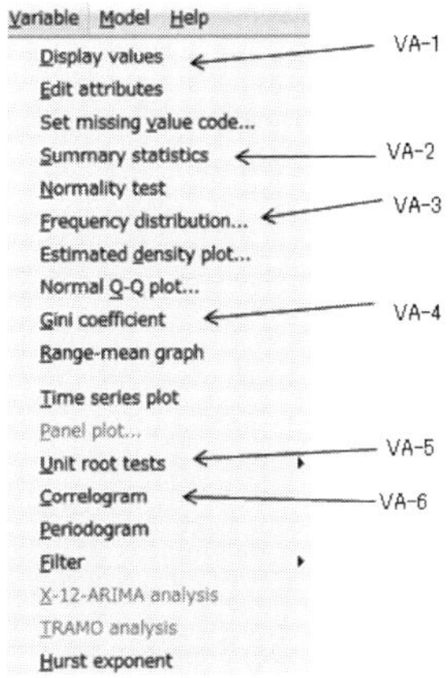

B.7　変数（図B-7参照）

VA-1　データの表示
・指定した変数のデータを表示します。

VA-2　統計量の要約
・平均、最大・最小値、標準偏差などを計算します。

VA-3　ヒストグラムの作成
・データに応じてヒストグラムが作成されます。

VA-4　ジニ係数の計算
・ジニ係数が計算できます。

VA-5　単位根検定の実施
・単位根検定を行います。
・詳細は「第7章7.1.5項：単位根検定の考え方」などを参照してください。

VA-6　コレログラム
・コレログラムを作成します。
・詳細は「第7章7.1.2項：gretlでコレログラム」を参照してください。

図B-8　Modelから

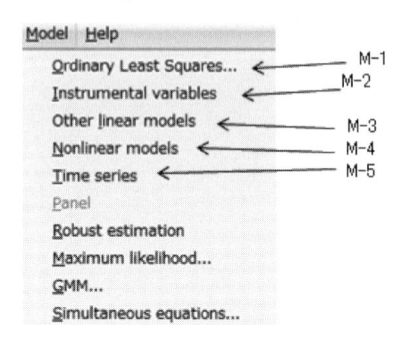

```
Model  Help
  Ordinary Least Squares...     ← ── M-1
  Instrumental variables        ← ── M-2
  Other linear models           ← ── M-3
  Nonlinear models              ← ── M-4
  Time series                   ← ── M-5
  Panel
  Robust estimation
  Maximum likelihood...
  GMM...
  Simultaneous equations...
```

B.8　モデル（図B-8参照）

　モデルでは、以下で紹介する方法以外に多くの推定方法が用意されています。しかしその多くは本書の水準を超えますので、より専門的な計量経済学のテキストを参照してください。

M-1　最小二乗法の実行
・基本的な最小二乗法を実行します。

M-2　操作変数法
・説明変数と攪乱項の間に相関が疑われる場合に、操作変数法を実行します。
・メニューとしては、二段階最小二乗法や制限情報最尤法などがあります。

M-3　その他の線形モデルの推定
・「第4章4.1.3項：不均一分散への対応方法」で説明した加重最小二乗法などを行います。

M-4　非線形モデルの推定
・プロビット・モデルなど非線形モデルの推定を行います。

M-5　時系列モデルの推定
・「第4章4.2.3項：コクラン＝オーカット法」で説明した推定や、「第7

図B-9　Help から

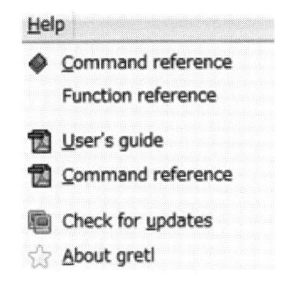

章7.4.3項：gretl で VAR モデル」などの時系列モデルを推定します。

B.9　ヘルプ（図B-9参照）

ヘルプにはスクリプト・ファイルなどで使用するコマンド・レファレンスや、ユーザー・ガイドなどがあります。これらは英文ですが、それほど難しくないので、一度開いてみてください。

また、「Check for updates」では、gretl のアップ・デート版の情報を見ることができます。

付録C さらに計量経済学を学ぶために

C.1 「理論なき計測」の弊害

　ここまで gretl の使い方を通じて、計量経済学の入門的な内容を説明してきました。gretl にはさまざまな機能が備わっており、本書で紹介したものはその一部にすぎません。さらに幅広い計量分析を行うための機能を有効活用するには、やはり計量経済学の理解が欠かせません。

　実証分析の世界ではしばしば、「理論なき計測」を戒めることがあります。それは、経済理論やその他しっかりとした理論的基礎がないままに目の前にあるデータに統計処理を行っても、そこから得られる結論を解釈することができないからです。同時に、これは計量経済学の初学者に時たま見られることですが、gretl をはじめとする計量ソフトに備わる多様な機能を理解せずに分析を行い、いわば自分が何をしているのかわからない「ブラックボックス状態」のままに研究を進めることがあります。これもまさに「理論なき計測」と言ってよいでしょう。

　たしかに、gretl（それに加え最近の計量ソフト）は便利です。しかし、真にそれを使いこなしていくには、ある程度の計量経済学の理論的側面の理解が不可欠です。本書では初学者を念頭に gretl の使用法を説明してき

ましたので、学部上級生以上に相当する計量経済学の理論には詳しく触れることができませんでした。また、初学者にとっても、詳しく丁寧な入門書が身近にあれば必ず役に立つはずです。そこで以下では、計量経済学を学ぶために役立つテキストや、gretl 以外の分析用フリーソフトなどを紹介しておきたいと思います。なお、計量経済学の分野では、とくに洋書で優れたテキストが多いのですが、ここでは和書に限って紹介します。

C.2 初学者のための入門書

計量経済学を学ぶ上では、統計学の基礎知識が欠かせません。経済分析を念頭に統計学を学ぶには [1] が、また少し専門的な知識を身に付けたいのであれば、定番である [2] をお薦めします。[2] を読むには行列などの知識が必要になりますが、筆者は座右の 1 冊にしています。また、[3] は手軽ですが、統計学に関して必要な内容を網羅しています。

[1] 加納悟・浅子和美・竹内明香（2011）『入門 経済のための統計学 第 3 版』日本評論社
[2] 岩田暁一（1983）『経済分析のための統計的方法 第 2 版』東洋経済新報社
[3] 田栗正章・藤越康祝・柳井晴夫・C.R.ラオ（2007）『やさしい統計入門』ブルーバックス、講談社

計量経済学の入門書としては、まずは [4] を誰もが推薦すると思います。非常にわかりやすく、丁寧に書かれています。また、例題が豊富でわかりやすい記述がある [5] もお薦めです。[6] はマクロ経済学に関する実証分析を志す方にとくにお薦めします。

[4] 山本拓（1995）『計量経済学』新経済学ライブラリ、新世社
[5] 白砂堤津耶（2007）『例題で学ぶ初歩からの計量経済学 第 2 版』日本

評論社
[6] 蓑谷千凰彦（1997）『計量経済学 第3版』スタンダード経済学シリーズ、東洋経済新報社

C.3　学部上級生以上の計量経済学のテキスト

専門的な研究に入る前に、一連の計量経済学の知識を理解するための書籍を紹介します。まずは中級以上の代表的なテキストとされる［7］があります。これは、［4］のあとに読むべき本でしょう。［8］は幅広く題材を集め、かつわかりやすく解説した本です。練習問題等も充実しており、大学院修士課程向きです。［9］はコンパクトにまとまっていますが、内容は高度です。［10］は事典代わりに使える便利な書籍です。筆者もよく利用しています。

[7] 森棟公夫（1999）『計量経済学』プログレッシブ経済学シリーズ、東洋経済新報社
[8] 浅野晳・中村二朗（2009）『計量経済学 第2版』有斐閣
[9] 伴金美・跡田直澄・中村二朗（2006）『エコノメトリックス 新版』有斐閣Sシリーズ、有斐閣
[10] 山澤成康（2004）『実戦計量経済学入門』日本評論社

C.4　専門的な研究のために

第Ⅱ部、第Ⅲ部に関しては、それぞれ専門的な書籍が多数出ています。ここでは、それぞれの分野から代表的なものを1冊だけあげておきます。プロビット分析などのミクロ計量経済学に関しては［11］が、パネル分析では［12］、また時系列分析では［13］をお薦めします。いずれも腰を据えて読まないと難しいでしょう。伝統的なマクロ計量モデルに関しては、ややOut of dateという先入観もあるのか、手軽な参考文献がないのが現

実です。[14] は他の計量ソフトを題材にしていますが、マクロ計量モデルを丁寧に説明しています。マクロ計量モデルをきちんと学ぶことは、さらに進んだモデル分析を行う上でも有用だと思います。

[11] 北村行伸（2009）『ミクロ計量経済学入門』日本評論社
[12] 樋口美雄・新保一成・太田清（2006）『入門 パネルデータによる経済分析』日本評論社
[13] 田中勝人（2006）『現代時系列分析』岩波書店
[14] 飯塚信夫・加藤久和（2006）『EViews による経済予測とシミュレーション入門』日本評論社

C.5 計量経済学を学ぶための、その他の分析用フリーソフト

gretl は計量経済学用のフリーソフトですが、最近ではフリーソフトでも高機能のものが現れています。計量経済学関連では、R（http://www.r-project.org/）と Scilab（http://www.scilab.org/）がその代表でしょう。しかし、両者ともある程度のプログラミングの知識が要求されますので、gretl ほど手軽というわけにはいかないようです。

英語が苦にならなければ、インターネット上には多くのオープンソースの計量経済学用ソフトがありますが（例えば Draco Econometrics や JMulTi など）、しかし gretl ほど使い勝手がいいとは言えないようです。マニュアルも備わっていないようなソフトも多いのですが、関心のある読者は試してみてはいかがでしょうか。

索　引

英　字

ADF 検定　132
AIC　132
AR モデル　135
ARIMA モデル　138
ARMA モデル　136
DF 検定　132
F 検定　52
F 分布　193
IS-LM 方程式　160
LSDV 推定　118
MA モデル　135
p 値　191
Q 統計量　127
SBIC　132
t 検定　51
t 分布　193
VAR モデル　143

あ　行

一致性　154
一般化最小二乗法　106
移動平均モデル　135
インパクト・シミュレーション　170
インパルス応答関数　144
ウィズイン推定　119
エングル＝グレンジャー検定　140

か　行

階差　37
階差推定　118
外生変数　159
カイ二乗分布　192
ガウス＝マルコフ定理　49
攪乱項　46
確率分布　188
確率変数　47, 188
加重最小二乗法　70
完備パネル・データ　103
季節調整　37
帰無仮説　51
共和分　140
共和分方程式　140
グレンジャー因果性　145
クロスセクション・データ　36
系列相関　71
決定係数　30
限界効果　92
構造変化　80
構造方程式　171
コクラン＝オーカット法　74
固定効果モデル　105
古典的回帰モデル　47
コレログラム　126

さ　行

最小二乗法　27
最良線形不偏推定量　49
残差　27
残差二乗和　27
時系列データ　36
自己回帰移動平均モデル　136
自己回帰過程　73

自己回帰モデル 135
自己共分散 125
自己相関係数 126
重回帰 31
修正済み決定係数 56
従属変数 31
乗数テスト 170
将来予測 170
スクリプト 4
スクリプト・ファイル 19
スチューデントの t 分布 50
正規分布 47, 188
正規方程式 28
セッション・アイコン・ビュー 17
セッション・ファイル 11
先決内生変数 171
潜在変数 91
相関係数 18
操作変数法 158

た 行

ダービン＝ワトソン検定 73
ダイナミック・パネル分析 119
多重共線性 78
ダミー変数 41
単位根 128
単位根過程 128
単位根検定 131
単回帰 31
弾力性 38
中心極限定理 196
チョウ検定 81
定義式 171
定常 125
同時方程式 155
独立変数 31
トレンド定常 128

な 行

内生性バイアス 154
内生変数 159
内挿テスト 172
二段階最小二乗法 159
二値選択モデル 88

は 行

ハウスマン検定 108
パネル・データ 36
非定常 128
標準正規分布 50, 190
標本 194
ファイナル・テスト 172
プーリング・モデル 104
不完備パネル・データ 103
不均一分散 66
不偏推定量 48
ブロイシュ＝ペーガン検定 107
プロビット・モデル 91
ベクトル自己回帰モデル 143
偏自己相関係数 126
変量効果モデル 105
補助回帰 68
ホワイト・ノイズ 125
ホワイトの検定 67

ま 行

マクロ計量モデル 169
モンテカルロ・シミュレーション 59

ら 行

ランダム・ウォーク 127
累積密度関数 191
ロジット・モデル 91

わ 行

ワーキング・ディレクトリ 11

加藤久和（かとう・ひさかず）

1958年生まれ。1981年慶應義塾大学経済学部卒業。1988年筑波大学大学院経営・政策科学研究科修了。博士（経済学）。(財)電力中央研究所主任研究員、国立社会保障・人口問題研究所室長などを経て、2005年明治大学政治経済学部助教授、2006年教授。専門は人口経済学、財政・社会保障論、計量経済学。

主著：『世代間格差——人口減少社会を問いなおす』（ちくま新書、2011年）、『財政学講義——政府部門の経済分析』（文眞堂、2008年）、『人口経済学入門』（日本評論社、2001年、日本人口学会賞受賞）、『EViews による経済予測とシミュレーション入門』（共著、日本評論社、2006年）など多数。

gretl で計量経済分析
（ぐれーてる　けいりょうけいざいぶんせき）

●――――2012年8月20日　第1版第1刷発行
　　　　 2020年4月25日　第1版第3刷発行

著　者――加藤久和
発行所――株式会社　日本評論社
　　　　〒170-8474　東京都豊島区南大塚3-12-4　振替 00100-3-16
　　　　電話 03-3987-8621（販売），03-3987-8595（編集）
　　　　https://www.nippyo.co.jp/
印刷所――精文堂印刷株式会社
製本所――井上製本所
装　幀――図工ファイブ
検印省略　©KATO Hisakazu 2012
Printed in Japan
ISBN 978-4-535-55714-7

JCOPY　<(社)出版者著作権管理機構　委託出版物>

本書の無断複写は著作権法上での例外を除き禁じられています。複写される場合は、そのつど事前に、(社)出版者著作権管理機構（電話：03-5244-5088, FAX：03-5244-5089, e-mail：info@jcopy.or.jp）の許諾を得てください。また、本書を代行業者等の第三者に依頼してスキャニング等の行為によりデジタル化することは、個人の家庭内の利用であっても、一切認められておりません。

経済学の学習に最適な充実のラインナップ

入門｜経済学 [第4版]
伊藤元重／著　　　　　　　　（3色刷）3000円

入門 ゲーム理論と情報の経済学
神戸伸輔／著　　　　　　　　　　　　2500円

例題で学ぶ 初歩からの経済学
白砂堤津耶・森脇祥太／著　　　　　　2800円

例題で学ぶ初歩からの計量経済学 [第2版]
白砂堤津耶／著　　　　　　　　　　　2800円

マクロ経済学 [第2版]
伊藤元重／著　　　　　　　　（3色刷）2800円

[改訂版] 経済学で出る数学
尾山大輔・安田洋祐／編著　　　　　　2100円

マクロ経済学パーフェクトマスター [第2版]
伊藤元重・下井直毅／著　　　（2色刷）1900円

経済学で出る数学 ワークブックでじっくり攻める
白石俊輔／著　尾山大輔・安田洋祐／監修　1500円

入門｜マクロ経済学 [第5版]
中谷 巌／著　　　　　　　　（4色刷）2800円

例題で学ぶ初歩からの統計学 [第2版]
白砂堤津耶／著　　　　　　　　　　　2500円

スタディガイド入門マクロ経済学 [第5版]
大竹文雄／著　　　　　　　　（2色刷）1900円

入門 公共経済学 [第2版]
土居丈朗／著　　　　　　　　　　　　2900円

マクロ経済学入門 [第3版]
二神孝一／著 [新エコノミクス・シリーズ]（2色刷）2200円

入門 財政学
土居丈朗／著　　　　　　　　　　　　2800円

ミクロ経済学 [第3版]
伊藤元重／著　　　　　　　　（4色刷）3000円

実証分析入門
森田 果／著　　　　　　　　　　　　3000円

ミクロ経済学パーフェクトマスター
伊藤元重・下井直毅／著　　　（2色刷）1900円

最新｜日本経済入門 [第6版]
小峰隆夫・村田啓子／著　　　　　　　2500円

ミクロ経済学の力
神取道宏／著　　　　　　　　（2色刷）3200円

労働経済学入門
脇坂 明／著　　　　　　　　　　　　2400円

ミクロ経済学の技
神取道宏／著　　　　　　　　（2色刷）1700円

経済学入門
奥野正寛／著 [日評ベーシック・シリーズ]　2000円

ミクロ経済学入門
清野一治／著 [新エコノミクス・シリーズ]（2色刷）2200円

ミクロ経済学
上田 薫／著 [日評ベーシック・シリーズ]　1900円

ミクロ経済学 戦略的アプローチ
梶井厚志・松井彰彦／著　　　　　　　2300円

ゲーム理論
土橋俊寛／著 [日評ベーシック・シリーズ]　2200円

しっかり基礎からミクロ経済学 LQアプローチ
梶谷真也・鈴木史馬／著　　　　　　　2500円

財政学
小西砂千夫／著 [日評ベーシック・シリーズ]　2000円

※表示価格は本体価格です。別途消費税がかかります。

〒170-8474 東京都豊島区南大塚3-12-4　TEL:03-3987-8621　FAX:03-3987-8590　**日本評論社**
ご注文は日本評論社サービスセンターへ　TEL:049-274-1780　FAX:049-274-1788　https://www.nippyo.co.jp/